HEYNE BÜCHER

Das Buch

Die zweifelhaften Gebote falsch verstandener Männlichkeit und ihre Auswirkungen auf das Seelen-, Liebes- und sonstige Leben von Männern (und damit natürlich auch von Frauen) waren oft schon Thema psychologischer Sachbücher, boshafter Comics etc. Wann immer jedoch Männer sich zu dieser, ihrer eigenen Problematik äußern, verbergen sie sich selbst mit Vorliebe hinter der Rolle des außenstehenden Beobachters. Das ist bei Jörn Pfennig wohltuend anders. Er stellt sich und seine eigene Geschichte in den Mittelpunkt seiner kritischen Betrachtung des Phänomens »Männlichkeit«. Dieses Buch besticht durch eine Offenheit, die umso erstaunlicher erscheint, als es in unserer Gesellschaft nach wie vor als wagemutig gilt, sich auch in kleinerer Öffentlichkeit derart »ungeschützt« über sich selbst zu äußern.

Schon in seinen Liebesgedichten hat Jörn Pfennig eindrückliche Signale gesetzt für eine neue Beziehungsqualität zwischen Männern und Frauen. In diesem Buch ist nachzulesen, woher der Autor seine Überzeugungskraft bezieht: aus seiner klaren Position im immerwährenden Konflikt zwischen Menschlichkeit und Männlichkeit.

Der Autor

Jörn Pfennig, Jahrgang 1944, Jugend in Tübingen, seit 1964 in München. Studium der Theaterwissenschaft, Texte und Kompositionen, öffentliche Auftritte und Schallplattenproduktionen. Autor und Moderator bei verschiedenen Rundfunk- und Fernsehanstalten. Seit 1979 mehrere Buchveröffentlichungen, Lyrik und Prosa. Lebt als freier Schriftsteller und Jazzmusiker in München und Burghausen.

Im Wilhelm Heyne Verlag liegen von ihm bereits vor: *Grundlos zärtlich* Gedichte (01/8810). *Keine Angst dich zu verlieren* Gedichte (01/8844).

JÖRN PFENNIG

ABSCHIED VON DER MÄNNLICHKEIT

WILHELM HEYNE VERLAG
MÜNCHEN

HEYNE ALLGEMEINE REIHE
Nr. 01/9071

3. Auflage

Printed in Germany 1997
Umschlagillustration: Uki Bellmann, München
Umschlaggestaltung: Atelier Ingrid Schütz, München
Gesamtherstellung: Ebner Ulm

ISBN 3-453-07521-8

Jörn Pfennig

Als dieses Buch 1982 erstmals erschien, dachte ich, es käme reichlich spät. Die großen und kleinen Emanzipationsbestrebungen waren in vollem Gang – bei Frauen sowieso, und die Männer gaben sich immerhin bemüht. Es sah so aus, als würde sich das Thema in ziemlich naher Zeit von selbst erledigen. Aber leider hat sich an seiner Aktualität nichts geändert. Im Gegenteil.
Nachdem die damals so stürmisch erscheinende Entwicklung zunächst zu lauer Verlautbarungsluft verkam, marschiert sie unterdessen rasant zurück. Die Wiederherstellung angeknackster Männerwerte wird so leidenschaftlich betrieben, daß der Eindruck entsteht, die beleidigten Schöpfungsherren wollten sich zum Ausgleich für ein paar durchlittene Jahre weiblicher Gegenwehr gründlich erholen, indem sie in die Positionssessel von vorvorgestern zurücksacken. Würde sich diese Rückwärtsbewegung nur per großer Klappe an Tresen und Mobiltelefonen ausleben, wäre außer einem bedenklichen Dachschaden der Nichtbegreifer wenig zu beklagen. Aber es gibt eben auch einen politischen Aspekt.
Der überall in Europa wieder aufbrechende Nationalismus, die gespenstische Wiederbelebung nazistischer Kameradschaftsbündelei in deutschen Dumpfgebieten, das Abfeiern ewiggestriger Mannestugenden in akademischen Burschenschaften – alles das und vieles Bedrohliche mehr ist vitaler Ausdruck vergeblich zu Tode gehoffter Männerkomplexe.
Es gäbe also Anlaß genug, dieses Buch nach dem heutigen Stand der Dinge zu überarbeiten. Aber die darin eingebaute Hoffnung auf Veränderungen im Denken, Fühlen und Handeln von Männern und

Frauen sich selbst und einander gegenüber hätte möglicherweise gelitten.
Deshalb ist es so geblieben, wie es war.

Jörn Pfennig
im Frühjahr 1994

Sollte es wirklich einmal zu einem Kampf
zwischen den Geschlechtern kommen,
dann werden die Frauen siegen,
weil die Männer die Frauen mehr lieben
als die Frauen die Männer.

August Strindberg (1887)

An eine Frau …

Vorher gesagt

Manchmal bin ich traurig, manchmal wütend, mal begegne ich meiner Verletzbarkeit mit Verhärtung, mal lasse ich sie zu, weil sie mich reich macht; manchmal befällt mich Mutlosigkeit, manchmal unbändiger Kampfgeist, mal grabe ich mich eifrig in den Abgrund der Gründe, mal fliehe ich an die Oberfläche voller Sehnsucht nach Ungeschehenem – aber es geht nicht: es gibt zuviel Erlebtes, Gefühltes und Gedachtes, zuviel Rätselhaftes und Klares, als daß ich mich auf der Suche nach Leichtigkeit nicht in der Leichtfertigkeit wiederfinden müßte.

Es hat mich erwischt! Das verworrene Mit- und Gegeneinander von Frauen und Männern ist in alle Winkel meiner Seele geraten. Es gelingt mir nicht mehr, die Spannungen zwischen den Geschlechtern als notwendiges Nebenprodukt der Natur zu begreifen, als Salz in der Suppe, das die Unterschiede zwischen Mann und Frau erst richtig schmackhaft macht. Wir haben der dringend nötigen Unruhe, die die Frauen in die festgefahrene Männergesellschaft gebracht haben, das trostlose Etikett vom Kampf der Geschlechter aufgedrückt und uns damit die Suppe versalzen. Anstatt uns sanft in eine neue Gemeinsamkeit zu bewegen, stolpern wir geradewegs in immer tiefere Feindseligkeit.

Es gibt so viele gegenseitige Mißverständnisse, die uns durch wissenschaftliche Aufarbeitung, durch Reports und Aufklärungsschriften bestenfalls bewußt werden – beseitigen können wir sie nur, wenn wir uns einander öffnen, so weit es nur geht. Frauen scheinen damit im allgemeinen weniger Schwierigkeiten zu haben, deshalb können wir Männer, wenn wir nur wollen, von und über Frauen mehr erfahren

als umgekehrt. Die Männlichkeit schiebt uns nur zu oft einen Riegel vor unser Innenleben und versperrt so den Zugang zu unserem eigentlichen Wesen.
Ich mag diesen Riegel nicht mehr. Ich will mich öffnen, ich will sagen, was mich als Mann bewegt und bewegt hat, im Äußeren wie im Inneren. Vielleicht hilft es zum besseren Verstehen des - oder wenigstens eines - männlichen Menschen.

Meine Geschichte ist sicher alles andere als typisch, aber wie immer das Leben eines Mannes verlaufen mag, in irgendeiner Form, zu irgendeiner Zeit wird er mit den gleichen Phänomenen konfrontiert sein, mit denen auch ich mich auseinandersetzen mußte. Als untypisch muß schon einmal gelten, daß sich meine Umwandlung vom Kind zum Mann ohne den direkten Einfluß des Vaters vollzog, der sich bereits frühzeitig per Scheidung aus unserem Familienleben zurückgezogen hatte. Zudem genoß ich den Vorteil, als eines von vier Kindern - davon zwei Mädchen - aufzuwachsen, großgezogen von einer liberalen Mutter. Aber die Erziehung spielt sich eben nur zum Teil im häuslichen Bereich ab, den Rest übernimmt die Gesellschaft, deren Einfluß mit zunehmendem Alter, gerade in der Pubertät, wirksamer wird durch Schule, Medien und den Alltag draußen vor der Tür. Was kann dagegen die Liberalität einer Mutter ausrichten, zumal wenn sie aufgrund ihrer eigenen Erziehung bestimmte Erfahrungen nicht machen konnte, nicht machen durfte, die ihr Selbstverständnis und das Verständnis mancher Zusammenhänge wesentlich beeinflußt hätten.

Meine Mutter ahnte vieles, sie war klug und empfindsam, aber der Mangel an Selbsterlebtem machte es ihr schwer, den Aufruhr zu glätten, der von außen in die sexuelle Erlebniswelt ihrer Kinder getragen wurde. Es wurde zu Hause über vieles nicht gesprochen, was zwischen Mann und Frau passieren kann, aber nicht weil es ihr peinlich gewesen wäre oder weil sie es nicht für richtig gehalten hätte, sondern einfach weil es in ihrer Welt nicht vorgekommen war. Wir andererseits, die wir uns auf unseren ver-

meintlich gereiften Instinkt verließen, hielten den Mund und trugen die Tabus, die uns die Außenwelt vermittelte, in die Familie hinein.
Wenn mir mein frühentwickelter Nebensitzer Matthias in der Mathematikstunde ins Ohr raunte, er habe kürzlich sein Ding bei der Dings drin gehabt, dann war das nicht nur eine Offenbarung, die mich mit glühendem Neid erfüllte – sie hatte vor allem nichts am Mittagstisch zu suchen: »Mutti, der Matthias hat gesagt, er hat sein Ding bei der Dings drin gehabt.« Vielleicht hätte mich ein nettes Lachen meiner Mutter beruhigt, vielleicht hätte sie gesagt: »Nun mach mal halblang, der kann doch noch gar nicht!« und mir damit eine Riesenlast von der Seele genommen. So war ich darauf angewiesen, diese nicht allein zu ertragende Information an den Kameraden Christian weiterzutuscheln: »Du, der Matthias hat sein Ding in der Dings drin gehabt . . .«, und als dann Christian überlegen lächelnd meinte: »So, hat der's endlich auch geschafft!«, war ich total fertig. Alle hatten sie schon mal, bloß ich nicht! Dabei hatte Christian die Geschichte sicher schon längst von Matthias selbst erfahren – der hatte ja ein natürliches Interesse, sie zu verbreiten, und Christian war sicher genauso erschrocken wie ich, bloß war er etwas cleverer und hatte einfach die Flucht nach vorne angetreten.
Glauben Sie mir, das schlägt Wunden in die Seele eines werdenden Mannes. Wie früh und mit welcher Macht brach auf uns wehrlose Buben der Leistungsdruck herein. Was da alles erzählt wurde – unvorstellbar! Und vor allem: unüberprüfbar! Hatte der Hans in den Ferien auf dem Campingplatz in Österreich wirklich gleich drei Schwedinnen vernascht? Oder war der Klaus beim Besuch seines Onkels in

Hamburg tatsächlich in einem leibhaftigen Puff gewesen? Anzweifeln ging nicht, dann hätte man die bittere Wahrheit gehört: »Du bist ja nur neidisch, weil du selbst noch nie hast.«

Diese erlogenen Geschichten trafen mich besonders hart, da ich zu allem Elend auch noch das Pech hatte, ein Spätentwickler zu sein. Als die meisten Jungen um mich herum bereits stolz mit ihren brechenden Stimmen kämpften, entrang sich meiner Kehle noch ein schlanker Sopran. Aber das war nicht das Schlimmste, auch nicht die fehlenden Haare unter den Achseln. Besonders schmerzte mich, daß sich bei mir zwischen den Beinen so wenig tat.

O schaurige Zeit, wenn sich in unserer kleinen Stadt die Tore des Freibades öffneten und sich bei schönem Wetter das gesamte Gesellschaftsleben dort abspielte. Das waren die Stunden der Wahrheit, denn die damalige Bademode ließ es nicht zu, irgend etwas zu kaschieren. Was man hatte, war zu sehen, und was nicht zu sehen war, das hatte man nicht.

Der Maßstab aller Dinge war bei mir in einer Weise unterentwickelt, daß ich immer mit hochrotem Kopf, ein Handtuch vor der Körpermitte, zum Liegeplatz ging, voller Angst, mir könnte ein Mädchen begegnen, bevor ich auf dem Bauch lag. Während die Freunde sich stolz mit praller Badehose auf dem Rücken räkelten, fraß sich der Sonnenbrand allmählich über meine Rückseite.

Und wenn sich die anderen, von der Natur verwöhnt, mit wiegendem Schritt und Muskelspiel zum Schwimmbecken bewegten, stürzte ich mich wie ein rasender Roland ins kalte Wasser. Dort war dann die Phase der Entspannung, dort war der Unterleib nicht zu sehen, dort konnte ich sogar gemeinsam mit den Kameraden keck werden. Da drückte ich schon mal einen Mädchenkopf unter Wasser, trat einer Schönen in den Hintern oder tauchte sie von unten an, um sie zu erschrecken und mich an ihrem spitzen Schrei zu erregen. Dort glich ich mein Leiden an Land aus und war begierig, einen anerkennenden Blick der Kameraden aufzufangen. Vom Wasser zurück zum Liegeplatz spurtete ich natürlich noch viel rasanter. Sie wissen ja, was für eine dezimierende Wirkung kaltes Wasser auf unseren kleinen Freund hat.

Aber die Not machte auch mich erfinderisch: mit einem sorgfältig modellierten Stück Schaumgummi brachte ich eines Tages in meiner Badehose eine Konstruktion an, die mich wie Apoll über den Rasen des Freibads schweben ließ. Der prüfende Blick, den ich gelegentlich darauf warf, fiel nicht weiter auf, das taten die anderen auch - aus Stolz, wie ich damals dachte. Heute bin ich mir nicht so sicher, ob nicht bei so manchem auch ein Polster mit im Spiel war.

Sie können sich denken, wie erleichtert ich war, als die Bademode wechselte und die Badeshorts aufkamen. Ich bin nie wieder so schnell mit der Mode gegangen. Nun war das corpus delicti nicht mehr in seinen Umrissen zu sehen, wir waren gleich vor Gott, vor einander und vor den Weibern!

Natürlich hatten auch die Mädchen einen schweren Stand, wenn sie den geltenden Idealen nicht entsprachen, aber aus meiner Sicht hielten ihre Sorgen dem Vergleich mit meinen Potenzängsten nicht stand. Die Erziehung wollte es nun mal so: Ein Mädchen sollte zwar möglichst hübsch sein, aber wenn sie's nicht war, konnte sie immer noch eine gute Frau und Mutter werden. Ein Mann war jedoch dann erst brauchbar, wenn er sich ernst nehmen konnte und ernst genommen wurde, und beides traf nur zu, wenn sein Penis funktionierte. Funktionieren konnte er aber nur, wenn er in entsprechender Masse vorhanden war, das bestimmte gnadenlos unser phallokratisches Wertgefüge.

Man bekam schon mal einen Steifen und dachte, na, immerhin schon ein bißchen besser. Doch die Vorstellung, daß den Kameraden, im Vergleich zu mir, wahre Lanzen wachsen müßten, machte die kleine Zufriedenheit schnell wieder zunichte.

Verglichen wurden die Steifen nie – das war tabu, die Schlaffen aber ließ man schon mal beim Pinkeln auf der Schultoilette locker auf der Hand hüpfen, wenn man das Gefühl hatte, der Nebenmann schielte neugierig rüber. Klar, daß man immer nur die sah, deren Besitzer stolz waren, die eher Kümmerlichen, deren es gewiß genauso viele gab, wurden verdeckt benutzt – so wie meiner. Die Information war also einseitig, aber dafür um so nachhaltiger wirksam auf das Selbstwertgefühl.

Das ›Funktionieren‹ bekam aber irgendwann über den Aspekt der Masse hinaus eine ganz neue Dimension, als mir mein Freund Addi mit allen Anzeichen erlangter Weisheit einen gewissen Sachverhalt erläuterte.

Natürlich waren wir schon weit davon entfernt, an den Klapperstorch zu glauben. Daß das Ding ins Dings gehört, das war uns klar und hielt unsere Phantasie auf Trab, aber wir waren eigentlich davon ausgegangen, daß man dabei pinkeln müßte.

Ausgerechnet Addi, den ich für noch unterentwikkelter hielt als mich selbst, mußte mir mitteilen, was er von seinem wesentlich älteren Bruder erfahren hatte: Aus dem Penis mußte ein ganz bestimmter Saft herauskommen, wenn man ihn drin hatte und hin und her schob. Man konnte diesen Saft aber auch produzieren, wenn man lang genug am Pimmel rieb. Und Addi hatte das schon geschafft: einen ganzen Tropfen.

Und ich? Schon wieder so ein Schlag! Was nützte es mir, daß ich im Schulorchester vor Addi von der dritten Geige zur zweiten aufgerückt war oder daß ich vielleicht in Mathematik seiner Drei eine Zwei entgegenzusetzen hatte – er war mir im Wichtigsten voraus: Er hatte diesen verdammten Saft vor mir erlebt.

Es folgte eine strapaziöse Zeit. Mein haßgeliebter Pimmel schmerzte, aber noch mehr schmerzte der Mißerfolg. Ich begann mich einer eigenartigen Religiosität zu öffnen, indem ich mir allabendlich beim lieben Gott Gehör verschaffte, mit einem Vaterunser, um ihm dann mein Herz auszuschütten. Wem sonst hätte ich mein Leid klagen sollen – meiner Mutter? Selbst wenn der Gedanke, mit ihr über derart Verbotenes zu sprechen, nicht so absurd gewesen wäre, sie hätte doch keine Ahnung gehabt, davon war ich überzeugt. Mein Bruder wäre schon eher in Frage gekommen. Er war etwas älter als ich, war mir in der Entwicklung nur wenig voraus, und wir verstanden uns gut. Doch ihm gegenüber hemmte mich männliches Konkurrenzdenken. Über ein Erfolgserlebnis hätte ich sicher mit ihm gesprochen, aber doch nicht über dieses Versagen.

Er überraschte mich schließlich mit einer neuen Information und versetzte mir damit einen weiteren Schlag: Er hätte beim Onanieren ein sagenhaftes Gefühl gehabt, und dann sei ihm ganz komisch geworden. Donnerwetter! »Ein sagenhaftes Gefühl« – daß er damit seinem ersten Orgasmus auf die Spur gekommen war, war uns beiden nicht klar.

Es dauerte noch geraume Zeit, bis sich die schmerzhaften Knubbel in meinen Brustwarzen einstellten, bis tatsächlich Schamhaar sproß und die Stimme kratziger wurde, und dann war es auf einmal auch da, dieses sagenhafte Gefühl! Ich hatte den Eindruck, abzuheben bei dieser unwahrscheinlichen Sinneserfahrung. Das Schönste in diesem Augenblick aber war der Gedanke: Du hast es geschafft! Ich funktionierte – ich war endlich ein Mann!
Es folgte eine Phase unbeschwerten Daseins. Die nächsten Ängste hatten zu warten, die Mädchen waren noch zu fern. Wie es Addi ging in dieser wichtigen Angelegenheit, hätte mich zwar interessiert, aber komisch: Kaum waren wir ›Männer‹ in der glücklichen Lage, uns selbst zu befriedigen, schon war es eine Schande es zu tun. Wer an sich selber ›rummachte‹ war ein ›Wichser‹. Peng! Wie gewonnen, so zerronnen.

Meine Zwiesprachen mit dem lieben Gott wurden als Seelentrost noch wichtiger, als sich in der damals üblichen Tanzstunde das weibliche Element mit aller Macht in mein Leben drängte.
Dieser abenteuerliche Lebensabschnitt begann mit einer ungeheuren Verklemmung. Wir Jungen vom humanistischen Gymnasium wurden auf die Mädchen der nächsttieferen Klasse der Waldorfschule angesetzt, die uns kaum zu Gesicht gekommen waren, denn ihre Schule lag am anderen Ende der Stadt. Wir waren fünfzehn, sechzehn, die Mädchen vierzehn, fünfzehn Jahre alt, aber trotz dieses Unterschieds waren sie uns in der Entwicklung größtenteils voraus, wie das eben so ist in diesem Alter. Wir bemühten uns zwar krampfhaft, sie als dumme Gänse zu sehen, aber gemessen an unserer pubertä-

ren Eckigkeit waren sie doch schon junge Damen. Es war ein Martyrium, sich im Tanzstundensaal das erste Mal gegenüberzusitzen, getrennt nach Geschlecht jeweils auf einer Bank an der Wand. Schlecht verhohlenes Taxieren in beiden Richtungen, überdeckt durch hektisches Gekicher auf der einen, durch sonores Gelächter auf der anderen Seite, wenn jemand einen lebensnotwendigen Scherz geäußert hatte.

Während die Tanzlehrerin ihre Einführungsrede hielt, wurden letzte Wahlen getroffen. Wissend, daß es der Herr ist, der die Dame auffordert, mußte man sich rechtzeitig entschieden haben, wohin man seinen mühsam beherrschten Schritt lenkte. Da die Anzahl der für attraktiv befundenen Mädchen allerdings eher gering war, ergab es sich dann doch – nach dem Startschuß der Meisterin: »Nun wollen wir also, meine Herren, die Damen auffordern« –, daß die weniger Beherrschten das Rennen machten und die restlichen ›Herren‹ einen Zickzacklauf vollbrachten wie beschossene Hirsche, um die Nächstbeste oder auch Übernächstbeste zu erwischen.

Warum spreche ich nicht von mir? Ich weiß zwar, was ich damals getan habe, aber ich bin mir nicht ganz sicher, aus welchen Motiven. Ich möchte gerne glauben, daß es edle waren, aber da der Begriff der Selbstlosigkeit mir später irgendwann suspekt wurde und es bis heute geblieben ist, muß ich davon ausgehen, daß ich eher aus weniger erhabenen Gründen handelte als aus Edelmut. Jedenfalls strebte ich bei der ersten Damenaufforderung auf Dorothee zu, ein Mädchen, das infolge von Kinderlähmung ein verkümmertes Bein in einer Schiene trug. Ich machte ihr sicher eine Freude, der Tanzlehrerin fiel ein Fels

vom Herz, und mich durchströmte die Wärme der guten Tat.
Es war im übrigen ein durchaus symbolischer Einstieg in diese Phase des organisierten Umgangs mit der Weiblichkeit. Ich verbarg meine Ängste auch im weiteren Verlauf der Tanzstunde hinter einer makellosen Moral, um nicht in einen Konflikt zu geraten, wenn es darum ginge, Worten auch Taten folgen zu lassen. Ich war vollendeter Kavalier, ich brachte gerne auch die Damen korrekt nach Hause, die nach unseren männlichen Maßstäben eher unansehnlich waren, und entwickelte zum Ausgleich für meinen trostlosen inneren Zustand eine besonders erlesene Tanzkultur. Doch es war vergebens!

Es gab da eine gewisse Christine, die mir auf schmerzliche Weise nicht unbekannt war. Ungefähr ein Jahr zuvor hatte mein Bruder bei uns zu Hause eine Party veranstaltet. Als der kleine Bruder war ich zwar nicht offiziell eingeladen, aber als Beobachter gnädig zugelassen. Ich saß verkrampft auf einem Hocker an der Tür, hielt mich an einer Limonade fest und verfolgte mit einer Mischung aus Neid und Abscheu das Treiben.
Es war üblich, daß Paare, die sich im Laufe eines Festes gefunden hatten, Löcher in der Konversation überdeckten, indem sie sich ausgiebig ›knutschten‹. Und dabei hatte ich Christine beobachtet. Sie lag mit einem als besonders draufgängerisch geltenden Freund meines Bruders auf der Couch und zeigte nicht den geringsten Widerstand.
Dieses mit allen Wassern gewaschene Weib nahm also an unserer Tanzstunde teil, zog aller Knaben Aufmerksamkeit auf sich und warf ihr Auge ausgerechnet auf mich. Eines Tages hielt mich Christine,

statt den Partner zu wechseln, für den letzten Tanz einfach fest. Das hieß, daß ich sie nach Hause zu begleiten hatte. Mir wurde ganz heiß vor Angst und Glücksgefühl. Die begehrte Frau war mein – aber was nun?
Gott sei Dank wohnte Christine in der Nachbarstadt, also brauchte ich sie nur bis zur Eisenbahn zu bringen, und da war man an Fahrpläne gebunden. Das ermöglichte mir einen knappen Abschied und ersparte mir eine weitere Annäherung. So hielten wir es auch in der Folgezeit, wenn ich mit Christine den letzten Tanz getanzt hatte.
Gefahr drohte erst beim sogenannten Mittelball, der die Halbzeit der Tanzstunde markierte. Wir fuhren mit einem Bus zu einer Ausflugsgaststätte und probten dort vom Nachmittag bis in die Abendstunden unsere Gesellschaftsfähigkeit. Es war alles wohlorganisiert. Jeder Herr hatte seine Dame förmlich eingeladen, es gab Pflichttänze, eine Sitzordnung mit Namenskärtchen, und es gab eine größere Pause, in der man sich entweder an den Tischen beim Gespräch entspannen konnte oder sich im nahen Wald erging. Und diese zweite Wahl traf Christine – ich nehme an, daß sie es war, mir selbst wäre der Gedanke sicher zu furchterregend gewesen.
Natürlich folgte ich ihrer Aufforderung zum Spaziergang, aber ich tat es mit bebendem Herzen. Mein männlicher Instinkt verriet mir, daß nun eine Situation entstehen würde, in der von mir Initiative erwartet wurde: Ein Mädchen kann so und so weit gehen, um seine Zuneigung erkennbar zu machen, es kann Signale setzen für seine Willigkeit, aber die Initiative zum letzten Schritt, die hat doch, bitteschön, der Kavalier zu ergreifen.
Nun ging es damals bei diesem letzten Schritt bei-

leibe nicht um das, was man später darunter verstand, sondern ganz einfach – aber wie schwer – ums Anfassen der Hand. Wir schlenderten hastig durch den freundlichen Sommerwald, ich war vor Aufregung atemlos, die Konversation war gebremst, viel zu beschäftigt waren meine Gedanken mit meiner Hand, die wie ein Fremdkörper neben mir her baumelte, ganz nah an der Hand Christines. Einfach zugreifen, das wär's gewesen, Hand in Hand verliebt durch den Eichenhain. Aber ich schaffte es nicht. Es war zum Verzweifeln! Was Christine wohl in jenen unendlichen Augenblicken durchmachte? Sicher wünschte sie sich sehnlichst, daß ich mannhaft ihre Hand ergreife, sicher ahnte sie, daß ich es mir ebenso wünschte. Aber sie war zu wohlerzogen, um es von sich aus zu tun. Vielleicht fürchtete sie auch, mich zu verletzen, wenn sie mehr Mut zeigte als ich.

Das Gespenst der Initiative, das wir Männer uns selbst gerufen haben – es erschien mir damals zum ersten Mal! Mir war fast so, als müßte ich die Spannung zwischen unseren Händen knistern hören, aber ich griff nicht zu. Hätte uns in dem Moment ein aus dem Unterholz brechendes Wildschwein erschreckt, dann hätten sich unsere Hände sicher gefunden und wären beieinander geblieben. Doch das Wildschwein kam nicht, es war, verdammt noch mal, mein Job, initiativ zu werden, aber ich konnte nicht.

Mit Schüchternheit allein läßt sich das nicht erklären. Ich kann auch heute nicht sagen, was mich damals zu meinem unnatürlichen Verhalten veranlaßte, obwohl ich mich an diese Situation so gut erinnere. War es die Angst, die Zuneigung Christines doch überschätzt zu haben und womöglich zurückgestoßen zu werden? Oder war es die Angst, sie

durch das Zeigen meiner Zuneigung zu eng an mich zu binden?
Man kann diese leider sehr gebräuchlichen Ängste getrost als ›Gemeingut‹ beider Geschlechter bezeichnen, aber da wir Männer das Gesetz des Handelns an uns gezogen haben, erhalten sie für uns in solchen Situationen eine besonders quälende Dimension. Da verwandelt sich dann das Recht, die Initiative zu ergreifen, in eine lästige Pflicht: Ein Mann muß agieren, eine Frau darf reagieren. Ein Mann, der seine Zuneigung erkennen läßt, gibt sich – in seinem krausen Selbstverständnis – eine Blöße, macht sich verletzbar. Er läßt sich in die Karten schauen, und die Frau kann dann mit ihm spielen.
Dieses vereinfachte Verhaltensmuster wurde – und wird – uns in unzähligen Hollywood- und anderen Filmen vorgesetzt. Und aus diesen von Männern verbrochenen Machwerken bezogen wir den übermächtigen Teil unserer Maßstäbe, was ein männlicher Mann ist oder nicht. Was ist der gut gemeinte Versuch einer Mutter, ihrem Sohn Spaß am Kuchenbakken oder Deckchenhäkeln zu vermitteln, gegen den wuchtigen Eindruck von John Wayne!
Die Sache mit der Initiative stellt sich aus der Sicht der Frau gewiß oft anders dar, etwa so: Ein Mann darf agieren, eine Frau muß warten, bis sie reagieren darf. Aber es kann nicht darum gehen, uns die Vor- und Nachteile unserer jeweiligen Rolle gegenseitig aufzurechnen. So mancher wird um etwas beneidet, was ihn selber gar nicht freut!
Ich kam damals mit Christine alles andere als erfrischt aus der Pause in den Ballsaal zurück, ohne daß sich unsere unschuldigen Hände berührt hatten; das durften sie erst wieder beim Tanzen.
Jeder hat seine erste Liebe erlebt, jeder hat erfah-

ren, wie schön und wie schrecklich dieser Zustand sein kann, den die Erwachsenen wider besseres Wissen, wenn sei ihn bei ihren Kindern beobachten, als ›niedlich‹ bezeichnen.
Auf der Heimfahrt im dämmrigen Bus saß ich neben Christine und tat so, als würde ich einnicken. Mit flatternden Nerven und rasendem Puls ließ ich meinen Kopf ganz sachte an ihre Schulter sinken, und sie wich nicht zur Seite. Mein Gott, war das aufregend!

Ich weiß nicht mehr genau, wie lange die Tanzstunde insgesamt gedauert hat, wahrscheinlich ein halbes Jahr. In dieser Zeit war einiges mit meinem Körper passiert. Während Christine zum Mittelball freundlicherweise mit flachen Schuhen erschienen war und mich trotzdem noch um Daumenbreite überragt hatte, trug sie zum Schlußball hohe Schuhe, und ich überragte sie nun meinerseits um die Breite eines kleines Fingers. Das war ein gewichtiger Umstand, der mein Selbstgefühl um einen Punkt steigen ließ.
Ein zweiter Punkt war dadurch dazugekommen, daß ich schon seit geraumer Zeit heftig Klarinette übte und inzwischen Mitglied einer Jazzband geworden war.
Ich hatte Christine unterdessen schon ungezählte Male Hand in Hand zur Eisenbahn gebracht, diese Stufe war erklommen. Aber was uns noch fehlte, war der erste Kuß. Das dauerte noch bis zum sogenannten ›Nachball‹, einem Fest außerhalb der Überwachung durch die Tanzlehrerin, wo man endlich mal die Manneskraft beim Bowlesaufen und lässigen Zigarettenrauchen unter Beweis stellen konnte.
Für derartige Feste mietete man sich am Samstag einen Saal in einem der vielen Studentenverbindungs-

häuser, die auf den drei Hügeln der Stadt verstreut lagen. Das Schicksal wollte es nun, daß am selben Abend auf einem anderen Hügel ebenfalls ein Nachball stattfand von Schülern der Schule, in die die meisten Freunde aus meiner Jazzband gingen. Und die wollten dort natürlich eine Einlage jazzen, und dazu wiederum brauchten sie mich.
Wir hatten uns darauf geeinigt, daß ich für eine halbe Stunde zu ihnen eilen würde, und deshalb mußte ich mitten am Abend mein Fest und somit auch Christine verlassen.
Ich hetzte unseren Hügel hinunter und den anderen hinauf, jazzte mit Sehnsucht im Herzen, hetzte den anderen Hügel wieder hinunter und unseren Hügel wieder hinauf. Bei dieser Anstrengung kam mir das Denkvermögen soweit abhanden, daß ich, als ich völlig außer Atem in unseren Festsaal stürmte und Christine sich sofort aus den Armen ihres momentanen Tänzers riß und auf mich zuschwebte, daß ich – daß ich sie einfach umklammerte und küßte!
Und wieder mischte sich, ähnlich wie beim ersten Orgasmus, in die Schönheit der Empfindung ein zweifelhaftes Erfolgsgefühl: Ich war nicht einfach nur glückselig über diesen ersten Mund-zu-Mund-Kontakt seit den Gutenachtküssen meiner Mutter, sondern ich war erleichtert. Wieder war ich ein Stück weiter. Daß ich zu dieser Selbsteinschätzung allen Grund hatte, konnte ich am nächsten Montag in der Schule erleben.
Mein Schulfreund Christian war uns allen ein bißchen voraus, nicht nur weil er einmal sitzengeblieben und deswegen älter war. Er sah gut aus, war groß, sportlich, hatte etwas gekräuselte schwarze Haare und einen dunklen Teint, kurz: die Mädchen himmelten ihn an. Noch kürzer: er war sehr männlich.

Dieser Christian legte mir an jenem Tag seine starke Hand auf die Schulter und schlug mich sozusagen zum Ritter, indem er sprach: »Jörn, bis jetzt habe ich dich nie so ganz für voll genommen, aber seitdem ich am Samstag gesehen habe, wie du die Christine geknutscht hast – alle Achtung!«

Tat das gut! Ich genoß fortan die gestiegene Achtung meiner Genossen, die das, was ich im Überschwang der Sehnsucht und unter vorübergehender Aufgabe meiner Selbstkontrolle getan hatte, als erstaunliche Kaltblütigkeit auslegten: der hat vor versammelter Mannschaft sein Mädchen geknutscht – Donnerwetter! Ich bin sicher, daß es auch unter den Mädchen Anerkennungsgeschichten gab, daß auch sie Konkurrenzen austrugen, aber wir Jungen neigten viel stärker zum Ritual, in dessen Mittelpunkt der männliche Mut stand, den es immer aufs neue zu beweisen galt. Wenn Mädchen um die Eroberung eines Jungen wetteiferten, konnten sie sich im Falle eines Mißerfolgs wenigstens darauf hinausreden, daß er zu schüchtern sei. Sie hatten sich dann nicht allzuviel vorzuwerfen, denn wenn eine Frau es auf einen Mann abgesehen hat, dann hat sie eine Grenze des Anstands einzuhalten, an der sie stehenbleiben muß, um auf das Entgegenkommen des Mannes zu warten. Zu schnell kann der gute Ruf einer Frau, die »Erfolg hat bei Männern«, umkippen. Dann heißt es nämlich: »Die treibt's mit jedem.«

Bei uns Jungen gab es diese Grenze nicht, bei uns Männern gibt es diese Grenze nicht. Wenn einer sich auf die Brust klopft und sagt: »Die Alte krieg ich rum, ihr werdet schon sehen«, dann sind ihm in seinen Mitteln und in der Beurteilung durch seine Geschlechtsgenossen keine Grenzen gesteckt – nach oben! Nach unten schon, denn zu leicht könnte er in den Ruch der Feigheit oder der mangelnden Potenz geraten. Wir wissen, wie oft solcher Druck bis zu einer Vergewaltigung führen kann.

Schon meiner ersten Liebe blieb der Trott nicht erspart. Wie konnte ich auch wissen, daß eine solche Gefahr immer schon am Anfang einer Beziehung heraufbeschworen wird, wenn man sich in der Euphorie des Verliebtseins gerne Verhaltensweisen oder Regelmäßigkeiten auferlegt, die man nicht durchhalten kann, die man jedoch aus Furcht vor Mißverständnissen so lange beibehält, bis die Liebe tot ist.

Nachdem die Tanzstunde vorbei war, trat mit aller Kraft der Alltag in unser junges Glück. Christine ging, wie berichtet, in die Waldorfschule am anderen Ende der Stadt und hatte erst um 13 Uhr Schulschluß. Bei uns war schon um 12 Uhr die Schule aus, ich konnte nach Hause gehen, zu Mittag essen und dann meinem Schatz entgegeneilen, ihn am ›Museum‹ treffen und zur Eisenbahn begleiten.

Natürlich hat mir das Freude gemacht, natürlich tat ich das nicht aus Höflichkeit – am Anfang. Später hatte ich zwar Christine noch genauso lieb, aber ich hatte keine so große Freude mehr, sie nach dem Essen zu treffen. Dann tat ich es aus Höflichkeit, dann aus Feigheit, weil ich keinen Mut hatte, das Regelmaß zu unterbrechen, ihr zu sagen, daß ich sie trotzdem liebe, auch wenn ich nicht jeden Tag komme. Sie hätte es wahrscheinlich auch nicht geglaubt, weil es in der Unnatur der Liebe liegt, daß man Angst hat, sie läßt irgendwann nach, zum Beispiel, wenn man nicht mehr zur Eisenbahn gebracht wird.

In unserer Kleinstadt blieb es natürlich nicht unbemerkt, daß ich ein so lieber, treuer Bub war, der im-

mer seine niedliche Freundin um halb zwei zur Eisenbahn brachte. Und das paßte nicht so recht zu meiner Vorstellung von Männlichkeit.
Unsere Liebe starb einen langsamen Tod, ich weiß nicht einmal mehr, wann und wie er eintrat – und das ist traurig.

Probleme mit der Sexualität spielten für uns alle, die wir Männer wurden, eine mehr oder minder katastrophale Rolle. Wenn man allein war, so war das schon wirkungsvoll genug; wenn man nun aber das Bedürfnis oder den Zwang verspürte, im Rudel aufzutreten, dann führte das zu einer bedenklichen Steigerung in den bemüht männlichen Ausdrucks- und Verhaltensweisen.
Während der Zeit des körperlichen und seelischen Umbruchs hielt ich mich in einem solchen Rudel auf. Wir waren vier Freunde. Ein Nutz- und Trutzhaufen, in dem man gemeinsam stark war, in dem die Einhaltung unausgesprochener, aber klarer Regeln die Unsicherheit überwinden half und in dem ein vermeintliches Zusammengehörigkeitsgefühl über die Tatsache hinwegtäuschte, daß man sich eigentlich sehr fern blieb. Mit einem Wort: es handelte sich um eine Männerfreundschaft.
Wir hatten uns gefunden, weil wir annahmen, jeder von uns könnte den anderen von Nutzen sein. Keiner mußte das Gefühl haben, in diesem Rudel geduldet zu werden oder einen anderen dulden zu müssen, der es nicht verdient hatte. Wir waren eine Gemeinschaft, die ganz deutlich vom Gedanken an die

Leistung des Einzelnen und an die Schlagkraft der Gruppe geprägt war. Irgendwo zwischen den ›Glorreichen Sieben‹ und den ›Siegreichen Drei‹ lagen wir vier. Und wie bei diesen Hollywood-Erfindungen gab es auch in unserer Formation das Aufrechnen von Vor- und Nachteilen, besondere Eignungen und Schwachpunkte, die ein übersichtliches Rollenverhalten gewährleisteten.
Das eigentlich Männliche an unserer Freundschaft war jedoch das konsequente Vermeiden jeglicher Intimität. Ich glaube festgestellt zu haben, daß das Gefühl der Freundschaft bei Frauen auch die Ventile für andere Gefühle öffnet, während es diese Ventile bei uns Männern erst einmal zumacht. Zuneigung, Traurigkeit, Glücklichsein, Hoffnung, Verzweiflung, Zärtlichkeit, Liebeskummer, Romantik und andere Gefühle zu zeigen und gemeinsam zu durchleiden oder zu genießen, das macht die Tiefe, die Wahrheit und den Wert einer Freundschaft aus – für Frauen. Für uns Männer gilt das nicht – nicht so ohne weiteres.
Ich beobachte zwar mit Erleichterung, daß es immer mehr Männer gibt, die sich bei der Begrüßung umarmen oder sich übers Haar streicheln, die sich auch mal das Herz ausschütten oder einen Brief an einen Freund mit »liebe Grüße Dein . . .« unterschreiben. Doch solchen Entkrampfungen in bestimmten Kreisen steht die Überzahl derer gegenüber, die Männerfreundschaften immer noch in der Hauptsache mit Qualitätssiegeln versehen haben wollen wie Treue, Ehre, Verläßlichkeit und Prächtig-miteinander-saufen-Können. Das sind sicher Begriffe, die auch einer Freundschaft gut anstehen, aber wenn sie so allein gelassen werden, erfüllen sie doch wohl eher den Tatbestand einer Kameradschaft.

Wenn es diese Männer auch nicht selbst soweit kommen lassen, so muß man doch vermuten, daß sie es für völlig in Ordnung halten, wenn sich in zahllosen Western jenes Spielchen wiederholt, wo sich zwei oder auch mehrere ›Freunde‹ gegenseitig die Kinnladen schiefdonnern, um sich dann einen Whisky durch die Gurgel zu jagen und sich den zwei wichtigen Erkenntnissen zu öffnen, daß erstens so eine herzerfrischende Prügelei schon lange einmal wieder fällig war und daß zweitens damit ihre Freundschaft ganz erheblich vertieft wurde.
Wir vier begnügten uns mit regelmäßigem Zusammensein im Schulhof, an sommerlichen Nachmittagen im Freibad und an Wochenenden auch mal zu besonderen Anlässen. Wir waren Kameraden, die sich mangels Schützengräben ihre Kampfsituationen selber herstellten nach dem Grundsatz ›Gemeinsam durchstandene Katastrophen bringen einander näher‹. Die Illusion von einer eingeschworenen Gemeinschaft mußte irgendwie genährt werden. Wir konnten uns in echter Bedrängnis nicht helfen, weil eine solche nie da war oder wenn, dann war sie ›nur‹ seelischer Natur, und die Seele hatte gefälligst draußenzubleiben, sonst hätte man sich eine Blöße gegeben. So erfanden wir also Gelegenheiten, in denen wir uns bewähren konnten, um die eigentliche Leere unserer Beziehung zu vertuschen. Wir waren Buben, aber wir fühlten uns als Männer, und wir hatten in gewisser Weise sogar recht. Wo ist der Unterschied, wenn erwachsene Männer Streiche inszenieren? Sie tun's zumindest aus den gleichen Motiven: Nicht nur um sich einfach einen Jux zu machen, sondern um sich gegenseitig und sich selbst zu beweisen, was sie draufhaben, und um sich so einander näherzukommen ohne den Aufwand von Gefühlen.

Wenn damals in unserer Stadt im Sommer die Verbindungsstudenten die sogenannten Stiftungsfeste abhielten und sich die Alten Herren, die akademische Crème der gehobenen Gesellschaft, nachts im gnadenlosen Rausch vom Schloßberg herunter über den Marktplatz ergossen, wenn sich diese Staatsanwälte, Zahnärzte, Bankdirektoren oder Professoren dann direkt vor unserem Haus in den Marktbrunnen stürzten und besonders fröhlich wurden, sobald die Polizei auftauchte, dann waren sie eigentlich armseliger als wir, die wir vielleicht mal auf einer Party Hirschhornsalz in die Bowle mischten, um die Mädels scharfzumachen.

Diese Vierer-Freundschaft ist mir sehr stark im Gedächtnis geblieben, wenngleich mir erst wesentlich später bewußt wurde, weshalb sie so wichtig war: Ich entdeckte damals die Ironie.

Wir waren zu Hause eine Familie, in der Vertrauen und Zärtlichkeit sein konnten, sein durften. Es gab keine Veranlassung, meine Gefühle unter Kontrolle zu halten – sieht man einmal von den genannten sexuellen Kümmernissen ab. Doch die Intimität, die ich daheim leben und erleben konnte, durfte ich nicht in die Beziehung zu meinen drei Freunden einbringen. Zaghafte Versuche zeigten bald, daß Gefühlsäußerungen stets einseitig blieben, also mußte ich sie unterlassen, um mich nicht verletzbar zu machen.

Die Ironie war das wirksamste Mittel, Gefühle zu ummauern mit forschen Formulierungen, bemühten Originalitäten, mit vermeintlicher oder gelungener Witzigkeit. Das Bequeme an der Ironie ist ja, daß man das, was man meint, hinter dem Gegenteil versteckt oder es durch Übertreibung entschärft. Ich durfte also davon ausgehen, daß ich gesagt hatte, was ich fühlte, man mußte eben nur die Ironie begriffen haben, um mich zu verstehen. So schützte ich meine Verletzbarkeit mit dem spitzen Wort nach dem unseligen Prinzip vom Angriff, der die beste Verteidigung sein soll.

Ich habe damals die Ironie als Möglichkeit der gefahrlosen Äußerung so sehr lieben gelernt, daß ich viel später, als ich erkannt hatte, wie schmerzlich sie mir oft im Weg stand, mit den größten Schwierigkeiten zu kämpfen hatte, sie auf ein erträgliches Maß herunterzuschrauben, wenn ich das Bedürfnis verspürte, Menschen näherzukommen. Und auch heute noch gräbt sie mir so manche nicht gewollte Grube.

Unsere Freundschaft verblaßte nach und nach. Ich vermutete künstlerische Fähigkeiten in mir und gab dem Drang zur Kunst nach. Dadurch geriet ich in andere Interessensphären und Personenkreise, in die mir meine Kameraden nicht folgten.

Da war zunächst das Theaterspielen. Ein Lehrer an unserer Schule inszenierte die Aufführung eines Stückes von André Gide und hatte mich für eine Rolle vorgesehen. Mit großem Eifer war ich bei der Sache, atmete die Bühnenluft so heftig ein, daß ich mich daran fast verschluckte. Das Theater sollte mich so schnell nicht wieder loslassen. Bevor dieser Lehrer unsere Schule verließ, übergab er die Theatergruppe einem Germanistikstudenten, der sich bereit erklärte, mit uns weiterzuarbeiten. Seine Wahl fiel auf das Stück ›Leonce und Lena‹ und auf mich für die männliche Titelrolle. Bei der weiblichen Hauptrolle tat er einen Mißgriff, und zwar in doppelter Hinsicht. Zwei oder drei Klassen über mir gab es ein Mädchen, das einfach bildschön war. Sie hieß Elke und war der eine Teil eines Zwillingspaares,

dessen anderer Teil genauso schön war und Anke hieß, sich aber nicht weiter für die Kunst des Theaters interessierte. Mir langte weiß Gott die eine!
Diese beiden Mädchen hielten die männliche Besatzung des Gymnasiums auf Trab, zumal sie mit jenem unnahbaren Sex versehen waren, an dem sich Männerseelen so gerne wundreiben, weil die Unerreichbarkeit zu ganz besonderer Sehnsucht reizt.
Unser Germanistikstudent und Regisseur hatte sich auf der Suche nach einer passenden Lena in der Schule umgesehen, und sein Blick muß sich förmlich in jener Elke festgebohrt haben. Er übersah jedenfalls geflissentlich die für einen Regisseur nicht unerhebliche Tatsache, daß Elke über ein eher geringeres schauspielerisches Talent verfügte, und engagierte sie. Aber dergleichen ist auch schon größeren Regisseuren passiert.
Soweit die eine Seite des Mißgriffs. Die andere betraf mich und meine vom Regisseur überschätzte psychische Stabilität. Ich sollte also den Leonce spielen, und wenn das Stück schon ›Leonce und Lena‹ heißt, dann ist das auch so. Das riecht nach ›Tristan und Isolde‹, nach ›Romeo und Julia‹ und nach sonstigen Traum- und Liebespaaren dieser Welt, und ein solches sollte ich nun mit Elke darstellen.
Welches Glück – welches Entsetzen, wenn die gnadenlose Dramaturgie des Werks es dazu kommen ließ, daß Leonce von hinten an die im Mondschein kauernde Lena heranzutreten hatte, um ihr einen scheuen Kuß auf die hochgereckte Stirn zu geben. Woher nun in Gottes Namen diesen Mondenschein nehmen und vor allem die dazugehörige Dämmernis, wenn die Proben am hellichten Nachmittag in einem Klassenzimmer durchzustehen sind?
Was habe ich gelitten! Worum mich die ganze Män-

nerwelt – inklusive der Regisseur und ich selbst – beneidete, das ließ mir qualvoll die Röte ins Gesicht steigen, wurde zur Tortur. Ich hatte jedesmal solche Angst, den Text zu vergessen, aus dem Mund zu riechen oder zu feucht zu küssen, daß ich meine darstellerische Kraft immer erst nach dieser Szene entfalten konnte, was um so tragischer war, als jener Kuß erst im letzten Akt stattfand. Von der Aufführung des Stückes im Rahmen eines Schulfestes existiert ein Foto, auf dem dieser schauerliche Moment im Mondenschein festgehalten ist und auf dem etwas zu erkennen ist, was das Ausmaß meines Leidens unterstreicht. In der Strumpfhose, die mir mein Prinzenkostüm aufzwang, ist es in aller Deutlichkeit vorhanden: dieses Schaumgummipolster!

Und wissen Sie, was mir meine Mutter damals nach der Aufführung sagte? In der Szene mit dem Kuß, also da sei ich ja ganz besonders süß gewesen! »Süß« sagte sie! Und das soll dann ein 14jähriger junger Mann als Kompliment verstehen!

Ich mußte – durfte mit jener unerreichbaren Elke später noch einmal ein Stück spielen, in dem eine leibhaftige Umarmung vorkam, und es ging mir um keinen Deut besser dabei. Noch später wechselte ich ins Regiefach, nahm mir jüngere Schüler vor und hatte ein großes Vergnügen, Stücke mit Umarmungen und Küssen auf die Stirn zu inszenieren, wobei ich mich im Interesse der Kunst bei der Gestaltung dieser Vorgänge besonders intensiv aufhielt und mich überhaupt nicht beruhigen konnte, wenn die Akteure sich so kindisch verklemmt benahmen ...

Als Folge meiner Spätentwicklerkomplexe entfaltete ich einen ausgeprägten Ehrgeiz. Was andere Jungen auf den Sportplatz trieb, das trieb mich auf die

Bühne. Mir hätte es nicht genügt, Tore zu schießen oder auf Siegertreppchen zu stehen, ich wollte ein Publikum, das meiner Kunst zujubelte.

Neben dem Theaterspielen sah ich in der Jazzmusik eine Möglichkeit, dieses Ziel zu erreichen. Ich habe mir selbst lange Jahre vorgemacht, daß es ausschließlich die Liebe zur Musik war, die mich dazu brachte, vom ersten selbstverdienten Geld eine Klarinette zu kaufen und verbissen darauf zu üben.

Aber die eigentlich treibende Kraft war doch die Vorstellung, auf einem erhöhten Podium zu jazzen und für alle anwesenden Mädchen unübersehbar zu sein.

Musikalisch hätten mich sicher auch andere Instrumente gereizt, aber meine Wahl fiel nicht ohne Grund auf die Klarinette. Erstens mußte es sich um ein Blasinstrument handeln, denn die Bläser standen in vorderster Front und konnten sich durch Soli profilieren. Zweitens durfte die Betätigung am Instrument meiner Ansehnlichkeit nicht schaden. Beim Trompete- oder Posaunenblasen bestand Gefahr durch häßliches Aufblähen der Backen, durch stärkere Schweißentwicklung aufgrund größerer Anstrengung sowie durch deutliche Abdrücke auf den Lippen. Welches Mädchen hätte sich wohl noch einen Kuß vorstellen mögen, wenn ein Trompeter oder Posaunist sein Instrument absetzte? Bei der Klarinette gab es da keine Probleme.

Durch unermüdlichen Fleiß brachte ich es auf meinem Instrument bald so weit, daß ich im örtlichen Jazzkeller Zutritt fand. Eines Abends durfte ich endlich mit flatternden Nerven auf dem ersehnten Platz in vorderster Front stehen und auf der Klarinette jazzen, die mein Schlüssel zu den Mädchenherzen sein sollte.

Doch es lief nicht so, wie ich mir das erträumt hatte. Der Rock'n' Roll hatte schon während meiner ersten Schritte in die Jazzwelt an die Tür gepocht, und er trat ausgerechnet im falschen Moment ein. Kaum hatte ich Fuß gefaßt in der zeitgemäßen Musik, die Popularität und damit Erfolg bei den Frauen versprach, da war es mit der Erfolgsgarantie schon wieder vorbei. Zeitgemäß war plötzlich eine andere Musikrichtung, und wen hätte es wundern sollen, daß die Mädchen in der Folgezeit eher einen fetzenden Rock-Gitarristen anhimmelten als einen aufstrebenden Dixieland-Klarinettisten?
Trotzdem hat sich für mich der Einstieg in die Jazzerei allemal gelohnt – und zwar auch in der angepeilten Richtung. Allerdings habe ich dann im Laufe von Jahren nur so viele Frauen durchs Jazzen kennengelernt, wie ich mir das damals im Laufe von Wochen vorgestellt hatte.

Die Kunst wuchs sich später zu einer starken Strömung aus, die mich festhielt und forttrug. Sie hat mich bis heute nicht losgelassen, doch was mit der Zeit zu einem, wenn auch diffusen, Berufsbild führte, das war zunächst nur ein Hobby, das mir half, meine Schwierigkeiten mit der Männlichkeit erträglicher zu machen.
Dieser Gesichtspunkt liefert vielleicht eine Erklärung, warum es viel mehr Männer gibt als Frauen, die einem Hobby nachgehen, das zudem meist mit Geselligkeit verbunden ist, während Frauen auf entsprechende Fragen – wenn sie nicht gänzlich ratlos reagieren – oft Beschäftigungen nennen wie Lesen, Musikhören oder die Aufzucht von Angorakatzen, Dinge also, die man in der Hauptsache allein tut.
Zwar gibt es auch Briefmarken- oder Schmetter-

lingssammler, die ihre Liebhaberei im Stübchen ausüben, aber was bedeuten diese Männer zahlenmäßig gegenüber jenen Kohorten, die wöchentlich aktiv oder passiv dem Freizeitvergnügen Fußball anheimfallen?

Im Grunde ist es jedoch gar nicht so wichtig, ob ein Hobby mit Geselligkeit verbunden ist oder nicht. Ich glaube, der unbewußte Anlaß ist jeweils der gleiche. Die Männlichkeit macht es uns schwer, beim freizeitlichen Zusammensein mit Menschen nicht nur Worte, sondern auch uns selbst auszutauschen. Ernsthafte Gespräche über die Dinge, die die Welt bewegen, passen zwar in unser männliches Selbstverständnis, aber bevor es zum Ausdruck von Gefühlen kommt, bevor die harte Schale um den weichen Kern geöffnet wird, machen wir doch lieber vorsichtshalber einen Rückzieher.

Wenn Männer unter sich sind, fällt es ihnen leicht, diese unausgesprochenen Regeln aufrechtzuerhalten, da sie sich in ihrer Furcht vor Intimität gleich sind. Im häuslichen Bereich etwa droht jedoch Gefahr durch das Bedürfnis der Ehefrau nach Zuwendung im Gespräch, nach Vertiefung oder Wiederbelebung der Partnerschaft.

Wie leicht stehen einem Mann die Haare zu Berge, wenn er auch nur an den Satz denkt, den seine Frau sagen könnte, wenn er von der Arbeit nach Hause kommt: »Laß uns doch heute mal ganz in Ruhe zusammensitzen, bei einem Gläschen Wein, ohne Fernseher, nur wir zwei, und mal wieder miteinander reden.« Wie schön ist da die Möglichkeit, sich in den Hobbyraum zurückzuziehen und sich zur wohlverdienten Entspannung der Herstellung eines Pappmaché-Gebirges für die Modelleisenbahn zu widmen oder sagen zu können: »Tut mir leid, Liebling,

aber heute abend haben wir Vorstandssitzung im Brieftaubenzüchterverein.«
Lassen Sie mich noch ein Klischee verwenden, um die unterschiedlichen Motive von Männern und Frauen zu verdeutlichen, wenn sie ein Hobby ausüben: Der Vater ist im Gesangverein engagiert, und die Mutter betreibt als Freizeitbeschäftigung Strikken und Häkeln. Oder drehen wir es unter dem Geselligkeitsaspekt auch ruhig um: Die Mutter macht einen Töpferkurs bei der Volkshochschule, während der Vater zu Hause sitzt und seine Bierdeckel aus aller Welt sortiert. Ich meine, der Mann geht seinem Hobby nach, um einem Übermaß an Intimität auszuweichen - die Frau, um ein Defizit an Intimität auszugleichen. Das Weibliche ist dem Kindlichen näher als das Männliche, darin liegt ein wesentlicher Grund für die Fragwürdigkeit des Männlichkeitsprinzips. Als ich mir die Kunst zum Hobby machte, befand ich mich in einem Zwitterzustand zwischen Kind und Mann, und entsprechend zwitterhaft waren auch meine Gefühle. Das Kind in mir vermißte die Intimität zwischen uns Freunden, der Mann in mir fürchtete diese Intimität. Mit meinen künstlerischen Aktivitäten verdeckte ich beides, das Sehnen wie die Furcht.

Es ist überhaupt eine schlimme Zeit, wenn sich der Mann im Kind meldet. Er hält es davon ab, heulend unter Mutters Rock zu flüchten, wo ihm doch eigentlich so danach wäre. Er führt die Gestik und das Mundwerk des Kindes und macht es so bemitleidenswert eckig und lächerlich. Es ist die Zeit, in der uns eine der sinnlosesten, dümmsten und folgenschwersten Einrichtungen unseres Moralgefüges mit aller Macht befällt - der Stolz.

Auf einmal gilt es, kindlich-menschliches Fühlen und das Bedürfnis, entsprechend zu handeln, hinter einem Verhalten zu verbergen, das uns ein unglaublich einfältiger Ehrenkodex vorschreibt.
Das geht los mit der noch harmlosen Unterdrückung irgendwelcher Regungen, die sich mit männlichem Stolz nicht vereinen lassen. Man zeigt eben nicht, daß man betrübt, begeistert oder enttäuscht ist – nein, man gibt sich kontrolliert. Man lacht nicht so ohne weiteres über einen Scherz, freut sich nicht einfach über ein nettes Geschenk, spricht nur sehr verschlüsselt Anerkennung aus und dergleichen mehr.
Es geht weiter mit der Unterlassung menschlicher Handlungen: Man hilft nicht mehr einer alten Frau über die Straße, man tröstet kein Kind mehr, das vom Roller gestürzt ist, man bückt sich nicht mehr, wenn jemand aus Versehen etwas fallen läßt. Hilfsbereitschaft und Mitgefühl sind nicht mehr gefragt, ein Mann hat cool zu bleiben in jeder Lebenslage.
Und schließlich führt es direkt zu unmenschlichen Handlungen: Da pfeift ein anderer einem Mädchen nach, für das man selbst deutliche Ansprüche angemeldet hat – schon muß er verprügelt werden. Da sagt einer, man sei eine Null – schon sägt man heimlich den Rahmen seines Fahrrads an; immer brutaler werden die Mittel, mit denen man seine verletzte Ehre wiederherstellen zu müssen glaubt.
In dieser Zeit wird in uns männlichen Menschen eine böse Saat gesät, gegen die wir uns nicht wehren können. Zu stark ist der Druck der uns von den Erwachsenen vorgelebten Männlichkeitsmuster. Wie gerne hätte ich mich so manches Mal einfach menschlich verhalten – aber ich wäre hilflos gewesen gegenüber dem Vorwurf mangelnder Männlichkeit. Wie schön wäre es da gewesen, wenn ich Argumente parat ge-

habt hätte, die mir erst viel später in den Sinn kamen, wenn es mir möglich gewesen wäre, Mut auf Phantasielosigkeit zurückzuführen oder Härte auf die Angst vor der eigenen Weichheit.

Man könnte über die Probleme, die Männer mit ihrem Stolz haben, mitleidig lächeln, hätte dieser Ehrenkodex nicht schon immer so katastrophale Auswirkungen gehabt. Solange sie sich nur gegenseitig die Zähne einschlagen, mag das ja noch angehen; wenn sie sich gegenseitig umbringen, um ihre Ehre wiederherzustellen, wird es schon wesentlich ernster; wenn sie sich jedoch in verantwortungsvollen Machtpositionen durch Ehrverletzungen in Rage versetzen lassen und ganze Armeen aufeinanderhetzen, wird das verbrecherische Ausmaß der Männermoral erst so richtig deutlich.

Die Herren der Schöpfung haben ja nicht nur ihren eigenen Stolz erfunden, sondern auch den ganzer Nationen, und darin erweist sich wohl am besten die Sinnlosigkeit und Dummheit des Stolzes, dem unsere Gesellschaft einen so hohen Wert beimißt. Es ist noch nicht so lange her, daß eine mittelamerikanische Nation gegen eine andere in den Krieg zog, weil ihr Stolz verletzt worden war – durch ein verlorenes Fußballspiel.

Aber es genügt nicht festzustellen, was Männer unter der Fuchtel ihres primitiven Ehrbegriffes anderen zufügen, man muß sich auch fragen, was sie im Namen des Stolzes sich selber antun.

Ein Mann, der seine Rolle nicht in Frage stellt, wird zwar unter dem Zwiespalt zwischen Menschlichkeit und Männlichkeit kaum leiden, da er sich auf seinen Stolz berufen kann wie ein Kriegsverbrecher auf den Befehl von oben, aber hat er nicht trotzdem Mitgefühl verdient?

Sein Verhalten ist das Produkt einer Erziehung, die in der Hauptsache *Ent*ziehung war. Und wie oft kommt die bittere Erkenntnis zu spät und damit der Konflikt, der ihm beim Handeln zunächst erspart blieb.
Nehmen wir einen harmlosen Fall: Ein Mann geht mit seiner Freundin in ein Tanzlokal. Die Freundin läßt sich zum Tanzen auffordern von einem anderen, der ihm nicht gefällt. Sie tanzt mit dem anderen länger, als es ihm gefällt. Sie lächelt dem anderen zum Abschied zu, was ihm auch nicht gefällt. Für ihn ist die Sache klar: Seine Ehre ist verletzt! Vor dem Lokal haut er seiner Freundin eine runter, bringt sie wortlos nach Hause und macht Schluß mit ihr. Das ist für ihn zunächst noch kein Konflikt. Auf die Aktion seiner Freundin folgt seine Reaktion, die nach seinem Ehrenkodex ganz logisch ist. Zu Hause aber wälzt er sich im Bett, möchte am liebsten heulen – was ihm sein Stolz verbietet; er möchte sich eingestehen, daß er das Mädchen eigentlich liebt – was ihm sein Stolz verbietet; er möchte einsehen, daß sein Benehmen kindisch war – was ihm sein Stolz verbietet; und er möchte schnurstracks zu ihr zurück, sie um Verzeihung bitten und sich in ihren Armen wohl fühlen – aber nichts geht mehr. Der Mann hat gehandelt, und das hat seine Gültigkeit, da gibt es kein Zurück! Wenn er Glück hat, wird es ihm vielleicht gelingen, sich das nächste Mal anders zu verhalten; aber das ist fraglich, zu tief sitzt der Stachel des Stolzes, und der hat jede Menge Widerhaken.
Warum konstruiere ich dieses einfache Beispiel? Viel spektakulärer wäre es, von einem Fall zu sprechen, der mir kürzlich zu Ohren kam: Ein Mann erschoß kurzerhand seine Frau, weil er erfahren hatte, daß sie lesbische Beziehungen pflegte. Seine Ehre war

auf das empfindlichste verletzt: Was für eine unerträgliche Vorstellung, daß sie es mit einer Frau lieber trieb als mit ihm. Da mußte er einfach schießen ...

Ich habe ein harmloses Beispiel genommen, weil dabei die Folgen der Ehrverletzung auf ein Ausmaß beschränkt bleiben, das Verstehen und Verzeihen nicht allzu schwer macht. Und mit solchen Fällen haben wir es doch wohl häufiger zu tun als mit Mord und Totschlag.

Ich habe den Frauen kein Rezept anzubieten, wie sie dem Stolz im Manne das Handwerk legen könnten. Aber ich wäre doch sehr froh, wenn sich manche Frauen die für sie durchaus vorhandenen positiven Seiten der Mannesehre nicht so gedankenlos zunutze machten. Denn schließlich verlangt der Stolz vom Mann ja auch Taten, die einer Frau höchst angenehm sein können. Denken wir zum Beispiel an die Sache mit dem Zahlen nach einem Essen in einem hübschen Restaurant. Wenn es da die Dame schon für richtig hält, zu schweigen, weil ihr Angebot, für sich selbst zu bezahlen, den Stolz des Herrn verletzen könnte, dann päppelt sie damit seinen lächerlichen Ehrbegriff hoch. Sie braucht sich nicht zu wundern, wenn derselbe Herr dann in einer netten Bar einem anderen Herrn mal kurz die Fresse poliert, weil dieser vielleicht ›seiner‹ Dame zu nahe getreten ist.

Manche Frauen scheinen es durchaus in Ordnung zu finden, daß Männer mit allen möglichen materiellen Anstrengungen um sie kämpfen. Eine Frau nicht zu erobern kann einen Volltreffer ins Herz des männlichen Stolzes bedeuten, und das macht Energien frei, die sich nur zu oft in großzügigen Geschenken oder sonstigen Annehmlichkeiten äußern. Wenn sich die

Dame erst verwöhnen läßt, dann aber dem Herrn doch einen Korb gibt, darf sie sich nicht beklagen, wenn er auf die eine oder andere unangenehme Weise durchdreht.

Oder denken wir daran, wie oft Frauen mit dem Satz »Haben Sie denn keinen Stolz?« wie durch Knopfdruck bei Männern das gewünschte Verhalten auslösen. Vielleicht gäbe es eine Hoffnung, die Männer zum Überdenken ihres zweifelhaften Ehrbegriffs zu bewegen, wenn die Frauen deutlich kundtäten, daß sie auf stolze Männer nicht den geringsten Wert legen.

Leider hat der Bazillus Stolz – unter der Regie der Männer – längst auch die Frauen befallen. Früher hatte die Frau keine Ehre zu verlieren, außer im vor-, mittel- und nachehelichen Bereich, das paßte den Männern damals in den Kram. Seitdem sie sich gewisse Rechte erkämpft hat, soll sie, bitteschön, über ein gewisses Quäntchen Stolz verfügen, das erklärt dann so bequem, warum man nicht mehr alles mit ihr machen kann. Und die Frauen haben dieses Spielchen leider mitgemacht. Sie haben sich auch da einen Schuh angezogen, den die Männer eigentlich für ihre eigenen Füße erfunden haben. Nicht nur, daß er deshalb nicht so recht paßt – er stinkt auch noch, weil er schon viel zu lange getragen worden ist.

Erlauben Sie, daß ich noch mal ein Klischee verwende: Wenn ein hübsches Mädchen vor der Wahl steht, entweder mit einem Produzenten ins Bett zu gehen und sich dafür eine Rolle in seinem nächsten Film zu erhoffen oder dieses eben nicht zu tun, dann tut sie's vielleicht, weil sie meint, es lohnt sich – sie macht die Augen zu und marschiert durch. Oder sie tut's, weil sie geschmeichelt ist, daß der Herr sie überhaupt zur Kenntnis nimmt, oder weil sie mal so einen Typen ausprobieren will, oder weil sie ganz einfach Lust hat. Vielleicht tut sie's auch nicht, weil ihr der Alte nun doch eine Spur zu schleimig ist, oder weil sie ihm mißtraut, oder weil sie denkt: Mit mir nicht! Oder weil man das ganz einfach nicht tut und es besser ist, im Leben eine gute Rolle zu spielen als im Film eine schlechte. Aber bitte, was hat in einer solchen Situation der Stolz zu suchen?

Das Mädchen wird eine ganz einfache Rechnung aufmachen – bewußt oder unbewußt –, und sie wird das tun, was ihr mehr Vorteile bringt. Wollte man ihre Entscheidung mit der Meßlatte des Stolzes messen, hieße das doch nur, daß sie im Falle des Nachgebens in die Nähe der Prostitution gerückt würde. Im Falle der Verweigerung aber hätte der Herr Produzent eine elegante Begründung für seinen Mißerfolg. Er bräuchte sich gar keine Gedanken zu machen über seine Widerlichkeit, er dürfte ganz einfach davon ausgehen, daß dieses Mädchen eben einen verdammten Stolz hat. Und wieder wäre die getrübte Sicht des Mannes der Maßstab der Dinge.

Warum sollte eine Frau eigentlich nicht mit einem Mann schlafen, der ihr dafür eindeutig Vorteile zu bieten bereit ist? Sie sollte das doch ruhig nützen, und zwar ohne schlechtes Gewissen, denn der Mann wird in dem Moment, wo er sie »besitzen« will, diesen Besitz höher einschätzen als den irgendwelcher materiellen Dinge; wie es nachher aussieht, ist sein Problem. Nicht die Frauen sind käuflich – die Männer sind es! Und um diesen Umstand zu vertuschen, haben sie die Prostitution erfunden.

Ein Mann, den der Trieb gepackt hat, ist zu allem bereit, wenn er dafür die ersehnte Belohnung bekommt: den Leib der Frau, die ›Liebe‹, ein Stückchen Sex oder ein Verhältnis. Wie oft haben Männer sich verleugnet, sich ruiniert, sich gedemütigt, gelo-

gen, verraten, getötet, bloß um an eine Frau heranzukommen, auf die sie scharf waren! Als personifizierte Käuflichkeit kroch schon so mancher geile Bock auf den Knien vor einem prallen Weib, dessen Verweigerung ihm den letzten Nerv raubte und das, was von seinem Charakter noch übriggeblieben war. Was war da logischer, als die Bezahlung einzuführen?
Der korrumpierte Mann korrumpierte nun seinerseits die Frau, die für ›Liebe‹ Geld nahm - er machte sie zur Hure.
Es ist eine einfache Rechnung: Der Herr will, sie nicht - also 1:0 für die Dame; der Herr verkauft sich ideell, die Dame will jetzt auch - also 1:1; der Herr bezahlt die Dame, und die Hure nimmt es an - 2:1 für den Herrn!

Ich glaube, wir sollten nicht nur verbittert sehen, daß die Männer eine so miese Moral erfunden haben, sondern daß sie auch sich selbst dadurch zu Opfern gemacht haben. Es lohnt sich sicher, auch so scheinbar eindeutige Zusammenhänge wie den zwischen Hure und Freier neu zu überdenken. Die Prostitution, die ja für beteiligte Frauen wie Männer eine fragwürdige Einrichtung ist, als das ›älteste Gewerbe der Welt‹ zu bezeichnen, heißt doch wohl, sie auf eine Urveranlagung der Frauen zurückzuführen. Dabei wäre sie überhaupt nicht nötig, hätten sich die Männer in ihrer schizophrenen Aufteilung in gut und schlecht nicht so vergaloppiert. Hätten sie ihren eigenen Töchtern und Frauen nicht die Lust an der Sexualität aberzogen, ihnen den Spaß nicht verdorben und sie nicht ihrer erotischen Phantasie beraubt, sie könnten das, was sie im Puff suchen, auch in ganz ›normalen‹ Beziehungen haben. So aber haben sie sich selbst eine gewaltige Grube gegraben, in der sie sich nun mit zwei Gespenstern herumschlagen müssen, die da heißen ›Mama‹ und ›Hure‹.

Doch lassen Sie mich erzählen, wie ich als Knabe in diesen quälenden Mama-Hure-Widerstreit geriet.

Ich mag wohl sechzehn gewesen sein. Mein sexueller Reifeprozeß war so weit fortgeschritten, daß ich mir auch fortgeschrittene erotische Phantasien leisten konnte. Aber diese Phantasien hatten immer etwas mit – sagen wir mal – klassischen Sexualvorkommnissen zu tun. Es ging um schöne Mädchen, meist frei erfundene, die sich auszogen; es ging ums Küssen, ums Streicheln der Brüste und durchaus auch um das ›Ding in der Dings‹ – es hatte jedoch immer etwas mit Liebe zu tun. Ich liebte meine erfundenen Gespielinnen. Alles hatte seine Ordnung, die erst durcheinandergeriet durch einen gewissen Max.

Mein Bruder hatte verschiedene Male in den Ferien bei einer Umzugsfirma gearbeitet und gut dabei verdient. Ich beneidete ihn darum – nicht so sehr wegen des Geldes als wegen der Möglichkeit, sich als ganzer Mann zu bewähren. Der Job des Möbelpackers bot diese Möglichkeit in besonderem Maße, denn das war Knochenarbeit, da hieß es zupacken, da waren nur richtige Kerls gefragt.

Mein Bruder riskierte es, mich bei der Firma als Mitstreiter vorzuschlagen. Er selbst saß als Schüler bei den rauhen Profis gewiß nicht allzu fest im Sattel, und ein versagender kleiner Bruder hätte ihn sicher manches Ansehen gekostet. Aber er war nun mal hilfsbereit, schleppte mich mit, und der Chef nahm mich, wenn auch zögernd, in seine Dienste.

Mit gewaltigem Muffensausen, aber stolz trat ich meinen Job an und arbeitete wie ein Berserker. Ich wurde nicht geschont, das hätte mich auch zutiefst verletzt. Ich wollte anerkannt werden als vollwertiger Kollege, ich biß die Zähne zusammen und schleppte immer *noch* eine Bücherkiste in den fünften Stock.

Ich erinnere mich gut, wie meine besorgte Großmutter in Wehklagen ausbrach, als sie erfuhr, daß ich ausgerechnet als Möbelpacker arbeitete. »Um Gottes willen, mein Junge, diese schweren Lasten, deine Knochen sind doch noch längst nicht fertig, sie sind zu weich, deine Knie werden noch Schaden nehmen!« Ich habe der Großmutter mit allem Respekt einen Vogel gezeigt und ihr deutlich gesagt, daß sie von diesen Männerangelegenheiten doch wohl keine Ahnung habe. – Und heute gibt es in meinen Knien manchmal Geräusche, als ginge eine Tür in einem Horrorfilm auf. Der Wille versetzt eben Berge, und der Stolz versetzte damals Bücherkisten in den fünften Stock ...

Aber ich wollte Ihnen ja von Max erzählen. Er sah so aus, wie man sich einen Möbelpacker normaler- und verständlicherweise nicht vorstellt. Der Vergleich zwischen seiner Statur und der seiner Kollegen fiel etwa so aus wie der zwischen Dagobert Duck und den Panzerknackern. Max war ein schmales Hemd, aber drahtig. Er glich seine für diesen Job viel zu zart geratene Figur aus durch rabiates Schuften und durch eine Zähigkeit, die man oft bei diesem Typ Mann beobachten kann. Er hatte es geschafft, von den Kollegen akzeptiert zu werden, war aber naturgemäß froh über das Erscheinen von unerfahrenen Schülern.

Max kommandierte uns herum, daß es – für ihn – eine reine Freude war. Mit Vorliebe lud er uns, die wir schon unter der Last einer Kiste oder einer Kommode keuchten, obendrauf noch eine Bettwurst oder ähnliches, und unter den freien Arm schob er uns noch ein paar Besen und einen Staubsauger mit herunterhängendem Kabel. Er wußte genau, was das für Tücken hatte, wie schnell man über so ein Kabel stolpern konnte, wie schnell sich die Besen verselbständigten, so daß man für das leichte Gerät noch mehr Kraft brauchte als für den schweren Brocken, den man im Gurt auf der Schulter balancierte. Aber mit einem Spruch wie »Das schaffst du doch leicht. Zeig mal, was Ihr Schüler könnt« erstickte er jeden Protest im Keim. So ging man dann also auf die Strecke, schwitzte Blut und Wasser, war stolz und fügte seinen unfertigen Knochen noch ein bißchen Schaden zu – gelobt sei, was hart macht!

Doch Max hatte auch seine gnädigen Momente. Wenn wir pausierten und bei Schinkenwurst, Brötchen und einer Flasche Bier auf der Kante der Ladefläche des Möbelwagens saßen, war er bisweilen bereit, uns vorübergehend das Gefühl zu schenken, gestandene Männer zu sein, indem er uns aus seinen gesammelten Weibergeschichten referierte. Zwar war mir instinktiv klar, daß da nicht alles so recht hieb- und stichfest war, was er in leuchtenden Farben ausschmückte, aber ich wußte doch nicht so recht, ob er mit seinen Geschichten nur seine zu mickrig ausgefallene Erscheinung zu kompensieren versuchte oder ob er nicht vielleicht doch so ein Teufelskerl war. Immerhin hatte er es ja zum ernstgenommenen Möbelpacker gebracht.

Am ehesten glaubwürdig war Max, wenn er nicht von längst vergangenen Heldentaten sprach, sondern von seinem Eheleben. Er war verheiratet mit einer Frau, die wir gelegentlich zu Gesicht bekamen, wenn sie ihn von der Arbeit abholte. Sie war beileibe keine Traumfrau, aber ihr gefärbtes Blondhaar ver-

lieh ihr in meiner Vorstellung etwas Verruchtes, was Maxens detaillierte Schilderung seines Liebestreibens nur zu bestätigen schien.
Eines Tages erwischte es mich ganz schön hart, als es mal wieder um die Weiber ging. Max geriet ins Schwelgen und berichtete hautnah Unglaubliches vom Vorabend. Wie schön es doch sei, nach Hause zu kommen, ein gemeinsames Bad zu nehmen, danach die nackte Frau aufs Bett zu tragen und sie zwischen die Schenkel zu küssen ... Mir stockte der Atem. Max machte zur Untermalung zuckende Bewegungen mit der Zunge, bevor er genüßlich mit ihr schnalzte und sich dann an unserem ungläubigen Staunen ergötzte. War denn so was überhaupt möglich?
Davon hatte ich noch nie etwas gehört oder gelesen, diese Vorstellung war noch nicht in meine sonst so rege Phantasie vorgedrungen. Sie traf mich wie ein Blitz. Und das Schlimmste war, daß ich den Gedanken äußerst verlockend fand. Selbst in meinen Träumen war ich immer gewillt, die Frau zu heiraten, um die sich meine erotischen Phantasien liebevoll rankten. Das war die innere Beweisführung für meine eigene Anständigkeit und für die der ersehnten Geliebten. Das, wovon Max erzählte, war jedoch unanständig, im höchsten Grade verwerflich – und trotzdem reizte es mich über alle Maßen.
Da war er, dieser quälende Konflikt mit den zwei Frauenbildern, zwischen denen uns Männer die eigene Moral hin und her wirft: Auf der einen Seite das Bild der Frau, die man liebt, die man heiratet, die sauber und anständig zu sein hat, um der Kinder wert zu sein, die man ihr ›schenkt‹ – in höchster Vollendung verkörpert in der Person der Mama. Und auf der anderen Seite das Bild jener Frau, die

man nicht lieben muß, die man nicht heiraten muß, die verworfen und unanständig zu sein hat, damit man an ihr die Lust, den Trieb und die korrumpierte sexuelle Phantasie ausleben kann – in höchster Vollendung verkörpert in der Person der Hure.

Max versetzte mich mit seiner delikaten Schilderung in heftiges Grübeln. Wie war aus diesem Dilemma herauszukommen? Vor- oder außereheliche Aktivitäten waren in meinem Moralhaushalt ja nicht vorgesehen. Ich war der absoluten Überzeugung, daß Sexualität nur mit einer geheirateten Frau in Frage käme. Und nun stellen Sie sich vor, wie meine Lösung des Problems ausfiel. Sie war von so einschneidender Bedeutung, daß ich mir einen Satz immer wieder vorsprechen mußte, der mir heute noch in den Ohren klingt: »Ich muß mal eine *Sau* heiraten, damit ich das mit ihr machen kann!« Der Mama-Hure-Konflikt hatte mich so verwirrt, daß ich auf das Allerwichtigste zu verzichten bereit war: auf die Liebe. Denn eine *Sau* kann man doch nicht lieben.

Wann oder wodurch dieser Konflikt aus meiner Seele verschwand, kann ich Ihnen leider nicht genau sagen; ich weiß nur, daß er mich nie belastete, als später aus meinen Phantasien Wirklichkeit wurde. Aber für wie viele Männer zieht er sich durch ihr ganzes Leben! Wie oft geschieht es, daß ein Mann zwar gerne gleich in der ersten Nacht mit einer Frau schläft, sie danach aber für moralisch minderwertig hält! Wie oft geschieht es umgekehrt, daß sich ein Mann in einer solchen Situation hochanständig benimmt, weil er eine Frau für interessant genug hält, um sich mit ihr länger zu beschäftigen, sie womöglich zu lieben! Die Entwertungsmaschine Geschlechtsverkehr wird gestoppt, man möchte mit dem Ticket noch eine ganze Weile weiterfahren.

Das kann so weit gehen, daß ein Mann sich nicht einfach nur beherrscht, sondern daß er schlicht nicht kann. Einen solchen Fall habe ich erst kürzlich erlebt. Das war ein Mann, von dem man sagen kann, er sei kein Kostverächter, wie es so häßlich heißt. Er verliebte sich in ein Mädchen, das ihn offensichtlich auch sehr gerne hatte. Außerdem war sie so unkompliziert, zu beschließen, die Nacht über bei ihm im Hotel zu bleiben. Der Mann war ehrlich genug, mir vorher zu gestehen: »Da geht nichts, denn *die* hab' ich lieb.« Und es ging auch nichts – außer Streicheln und Schmusen. (Ich muß es wissen, denn ich hatte mit jenem Mann damals ein gemeinsames Hotelzimmer.) Dabei hätte er gerne mit ihr geschlafen, und sie mit ihm, daran ließen seine Äußerungen und ihr Verhalten keinen Zweifel.
Wir sollten auch nicht vergessen, welch gewaltige Rolle noch bis vor relativ kurzer Zeit die Unberührtheit im Bewertungssystem eines heiratswilligen Mannes gespielt hat. Er selbst hatte sich vor der Eheschließung nach Leibeskräften die Hörner abzustoßen, um dann beruhigt in den sauberen Ehestand zu treten mit einem jungfräulichen Engel. Zu groß wäre das Risiko gewesen, daß eine Frau eigene Vorstellungen von Lust und Sexualität mit in die Ehe bringen könnte. Die Grenzen zwischen erlaubt und unerlaubt, zwischen anständig und unanständig hatte der Mann zu ziehen; und es ist leichter, einem unerfahrenen Objekt den eigenen Maßstab als absolut zu verkaufen.
Ich muß bei dieser Gelegenheit an einen jungen Türken denken, mit dem ich vor einigen Jahren durch die Straßen Istanbuls fuhr. An jedem vierten Häuserblock hob er die Stimme und den Zeigefinger und erzählte lauthals, daß er da oben eine Frau fünf Tage

und Nächte ununterbrochen befriedigt habe, und da drüben wohne eine, die ihn immer wieder anflehe, es ihr doch noch einmal so prächtig zu besorgen, und so weiter. Auf die Frage, ob er sich denn vorstellen könne, eine dieser Frauen je zu heiraten, verwies er sehr entrüstet auf seinen absoluten Anspruch auf eine jungfräuliche Tochter aus allerbestem Hause.
Daß der falsch verstandene Islam auf schlimme Art mit den Männern ganze Arbeit geleistet hat, ist bekannt; ich sträube mich allerdings dagegen, wenn ich hierzulande Männer höre, die sich naserümpfend über diese »orientalischen Zustände« erheben und sich mit der Verurteilung der fernen Auswüchse über den nahen Haufen Dreck hinwegmogeln, den es vor der eigenen Tür wegzukehren gälte – gerade auch in bezug auf so manche festgefahrenen unsinnigen Normen, die sie aus ihrer Mama-Hure-Schizophrenie entwickelt haben, um mit ihren Konflikten besser fertig zu werden.
Und noch ein Gesichtspunkt: Denken Sie nur an die vielen Ehemänner, die mit ihren Frauen bestimmte Sexpraktiken nicht ausüben, weil sie ihrer Vorstellung von Anständigkeit nicht entsprechen – und eine anständige Ehefrau soll schon sein! Oder sie trauen sich nicht, weil sie sich fürchten oder bereits die Erfahrung gemacht haben, daß ihre wohlerzogenen Hausfrauen sie für Ferkel halten. Diese Männer bleiben dann frustriert, sie entlasten sich höchstens mal durch dreckige Witze am Stammtisch, oder sie gehen eben ins Puff und holen sich, was die Mama nicht bietet, bei der Hure.
Ich will nun nicht den Eindruck erwecken, als würde ich in diesem Zusammenhang nur uns Männer bedauern. Die Frauen leiden unter der Mama-Hure-Schizophrenie genauso. Ich meine, daß jede Frau ein

Recht darauf hat, von ihrem oder von sonst einem Mann als gelungene, ganz natürliche Mischung aus beiden Frauenbildern gesehen zu werden. Und wenn wir jetzt einmal von den extremen Symbolfiguren ›Mama‹ und ›Hure‹ absehen, dann heißt das ja nichts anderes, als daß eine Frau ein Recht hat, entsprechend ihren wechselnden Bedürfnissen behandelt zu werden, und sich unbekümmert zu diesen Bedürfnissen zu bekennen. Und die gehen nun eben allgemeinmenschlich mal in Richtung ruhiger Zärtlichkeit, mal in Richtung Wildheit oder Kraft beim Geschlechtsverkehr.

Ich finde es absolut nicht verblüffend, wenn ich von Frauen höre, daß sie im Traum vergewaltigt wurden und dabei auch noch Lust empfanden. Es erscheint mir logisch, daß ein entscheidender Teil des menschlichen Wesens, der verdrängt oder vernachlässigt wird, sich auf irgendeine Weise ein Ventil sucht. Und davon nur zu träumen ist ja so schön harmlos, gemessen an der Tat, zu der es Männer aus demselben Grund treiben kann.

Schlimm ist nur, daß solche Aussagen ehrlicher Frauen bei Männern erschreckend oft ein ›Da sieht man's mal wieder‹ - Erlebnis auslösen und sie in der einfältigen These bestärken, daß zu einer Vergewaltigung eben immer zwei gehören. Mit dem Märchen von der Frau, die den Mann dazu gereizt hat, sie zu vergewaltigen, kehren sie gleich zwei Tatsachen unter den Teppich, nämlich erstens, daß sie selbst durch ihre Unfähigkeit, menschlich zu sein, bei vielen Frauen solche sexuellen Nöte auslösen, und daß zweitens Frauen, selbst wenn sie mit einer Lustempfindung von Vergewaltigung träumen, noch lange nicht willens sind, diese auch mit sich geschehen zu lassen.

Wenn mehr Männer so denken würden, sähen sicher manche Beweisaufnahmen oder Gerichtsverhandlungen anders aus. Nur zu oft entsteht der Eindruck, als ginge es den ausführenden Herren in erster Linie darum, bei der vergewaltigten Person eine deutliche Mitschuld, wenn nicht gar die Hauptschuld nachzuweisen und bei dem eigentlichen Angeklagten eher eine kleine menschliche Schwäche entdecken zu wollen als eine unmenschliche Gewaltanwendung – gerade so, als könnten sie sich irgendwie doch ganz gut in seine Lage versetzen.

Bei all den Schwierigkeiten, die ich schon in der Theorie mit der Sexualität hatte, war es kein Wunder, daß mich der Gedanke an die Praxis um so nervöser machte, je mehr sie altersbedingt in den Bereich des Möglichen rückte. Es ist eben leichter, die Angst vor einem Versagen zu verdrängen, als mit einem tatsächlichen Fehlschlag fertig zu werden. Den mußte ich mir also so lange wie möglich ersparen.
Ich baute mir zu diesem Zweck eine Moral auf, die es mir gestattete, gar nicht erst in entsprechende Verlegenheiten zu kommen. Sie befahl mir, ein Mädchen nur dann zu küssen, wenn ich es auch für denkbar hielt, mit ihr den Schritt ins Standesamt zu tun. Das legte mir einen so strengen Maßstab auf, daß es mir tatsächlich glückte, dem Verlangen nach so manchem Kuß zu widerstehen.
Aber um den Kuß allein ging es in Wirklichkeit schon lange nicht mehr. Ab einem bestimmten Alter bestand die Möglichkeit, wenn nicht gar die Ver-

pflichtung, aus solch einer Annäherung weitergehende sexuelle Kontakte entstehen zu lassen: ein Griff an die Brust oder gar unter den Rock. Und davor hatte ich Angst!

Ich hatte Angst, etwas falsch zu machen oder mich zu verlieben, ohne wiedergeliebt zu werden; ich hatte Angst, sexuell hörig zu werden (von einem Griff an die Brust oder unter den Rock – bitte!) oder selber angefaßt zu werden, weil ich nicht wußte, was dann passieren würde; ich hatte Angst, dem Mädchen am nächsten Tag zu begegnen und nicht zu wissen, wie ich reagieren sollte; ich hatte Angst, rot zu werden, Angst, für vielleicht bessere Mädchen nicht mehr tragbar zu sein, weil publik werden könnte, daß ich es ja schon mit der und der ›getrieben‹ hätte; ich hatte soviel Angst, daß daraus gar nichts anderes entstehen konnte als diese Moral.

In der langen Zeit, die verging, bis ich meine Einstellung unter den Bedingungen einer legitimen Beziehung ändern konnte, gab es zwei Anlässe, die meine Darstellungskunst in der Rolle des Anständigen ins Wanken brachten. Ich möchte Ihnen davon berichten, weil sie ein deutliches Schlaglicht werfen auf die Korrumpierbarkeit einer aufgesetzten Moral.

Der erste Anlaß war Ute. Sie war wohl etwas freier erzogen und auch etwas selbstbewußter, vielleicht auch ein bißchen früher entwickelt – ihre Erscheinung und ihr Verhalten hatten ihr jedenfalls in unserer Stadt einen etwas zweifelhaften Ruf eingebracht. Sie war ein Jahr älter als ich und zeitweilig mit meinem Bruder befreundet. Und in dieser Zeitspanne bekam mein sorgfältig erstelltes Selbstbildnis die ersten Kratzer ab.

Mein Bruder hielt Ute wohl instinktiv aus unserer Familie heraus. Er fürchtete wahrscheinlich, daß dieses Mädchen, so wie es war, meine Mutter beunruhigen könnte, und welcher gute Junge möchte das schon. Aber mit dieser Strategie gelang es ihm prompt, das zu erreichen, was er eigentlich vermeiden wollte: Nicht nur die Mutter – die ganze Familie inklusive meiner selbst trug sich mit besorgten Gedanken: Wird das gutgehen? Wird sie ihn nicht verderben? Wird sie ihm keinen Kummer machen? Dadurch, daß sie bei uns nicht ein und aus ging, entstand um Ute eine Aura der Ungreifbarkeit, die unsere Phantasie ins Kraut schießen ließ. Wenn mein Bruder zu spät nach Hause kam, wenn er etwas bedrückt wirkte, wenn er schlechte Noten fabrizierte: immer steckte Schlimmes von dieser Ute dahinter. Und sein Schweigen oder seine eher unbeholfenen Reaktionen auf entsprechende Andeutungen waren nicht angetan, den Verdacht zu zerstreuen, daß dieses Mädchen wohl doch nicht das Richtige für ihn sei.

Das Phänomen Ute reizte mich sehr. Ich hatte große Lust, von dem Kuchen, der da so unverhofft in meine Nähe geraten war, auch ein Stückchen abzubekommen. Um dieses unsittliche Begehren zu rechtfertigen, redete ich mir ein, daß mich die Sorge um das seelische Wohlergehen meines Bruders zwang, etwas zu unternehmen. So gelang es mir – als unverdächtiges Zubehör ihres Freundes –, zu Ute einen Kontakt herzustellen, der nach und nach eine gewisse Eigenständigkeit unserer Beziehung erlaubte. Ich konnte sie nachmittags zu Hause allein besuchen, um mit ihr Allgemeines zu plaudern und Besonderes in bezug auf ihr Verhältnis zu meinem Bruder, das mir ja ach so viele Sorgen bereitete. Ich spielte den Saubermann und hatte eigentlich eher Schmutziges im Sinn.

Eine erotische Spannung schwebte dabei oft zwischen uns, zu Handlungen kam es allerdings nicht. Das Alters- und Reifegefälle war allzu förderlich für meine mitgeschleppten Ängste. Aber es war ein ganz schön explosives Gemisch, das sich da zusammenbraute. Und an dieses Gemisch geriet eines Tages ein Streichholz.

Es war auf einer Party, wo ich mal wieder aus Not das harmlose Treiben in die Nähe von Sodom und Gomorrha rückte und mich nach einer entsprechenden Bemerkung zu meinem Bruder und Ute in einen Nebenraum zurückzog, um mich im Halbdunkel mit moralischem Schmollen zu betäuben. Ganz sicher wartete ich auf irgendein Zeichen, daß ich geliebt wurde – trotz meiner Schwierigkeiten und trotz meiner Bemerkung. Und ich wußte sicher auch, von wem ich dieses Zeichen erwartete. Tatsächlich trat plötzlich durch den Vorhang, der mich von der verdorbenen Partygesellschaft aussperrte, Ute. Sie kam auf mich zu, legte ihre Arme um meinen Hals und küßte mich so, wie ich es bis dahin noch nie erlebt hatte. Ich spürte auf einmal verwirrt und doch äußerst erregt zwischen meinen Lippen ihre Zunge, die sich zu meiner eigenen vortastete und sie fand. Es war ungeheuer. Der erste Zungenkuß! Dieses wunderschöne Urerlebnis dauerte viel zu kurz, dann löste Ute die Umarmung, sah mir tief in die Augen und ging durch den Vorhang wieder zurück zu den anderen.

Dort befand sich immerhin mein Bruder, zu dem sie ›gehörte‹, der sie liebte und den wir auf scheußliche Weise soeben betrogen hatten. In einer seltsamen Mischung aus Verzauberung und Entsetzen, Dankbarkeit und schwärzestem Gewissen stand ich da und starrte im Geist auf die Bruchstücke meiner umgestürzten Moral. Doch es gelang mir, sie wieder auf die Beine zu stellen, indem ich eine üble innere Lüge zu einer wohlanständigen Wahrheit umfrisierte. Ich dachte mich in die Rolle des Ritters ohne Furcht und Tadel, der diese Prüfung auf sich genommen hatte, um endlich den klaren Beweis führen zu können, daß dieses Mädchen keineswegs geeignet war für meinen unschuldigen, ahnungslosen Bruder. Er mußte vor ihr gerettet werden! Er mußte vor weiterem unerträglichem Leid bewahrt werden. Und wer konnte diese ehrenvolle Aufgabe wohl am besten übernehmen? Natürlich ich, als liebender Bruder, als Kamerad mit der unanfechtbaren Moral und der nötigen Sachlichkeit, ohne die sich so heikle Weiberangelegenheiten nicht regeln lassen.

Nachdem ich diese Lösung gefunden hatte, gehörte es zur Erfüllung meines Auftrags, weitere Beweismittel für die Unmoral der fraglichen Person zusammenzutragen. Es dauerte nicht lange, bis ich in einem jener zahlreichen Gartenhäuser, die sich an den Hängen des Schloßbergs befanden, die sich sommernachts der Kontrolle ihrer Besitzer entzogen und deshalb von deren Söhnen und Töchtern gern zu fröhlichen Festen in Anspruch genommen wurden – bis ich also in einem solchen Gartenhaus in einer dunklen Ecke auf einer Matratze lag, und dies zu meiner großen Genugtuung nicht allein. Es galt ja Beweise zu sammeln. Neben mir befand sich Ute, und da der Zungenkuß als Belastungsmaterial bereits festgehalten war, mußte nun Schwerwiegenderes geschehen. Und es geschah!

Heute bin ich froh, daß ich mir damals ein reines Gewissen geschaffen hatte, wenngleich mir die Art, wie dies gelungen war, auch heute noch nicht gefällt. Da mir jedoch die Gründe, deretwegen ich ein schlechtes Gewissen hätte haben müssen, genausowenig gefallen, erlaube ich mir einfach festzustellen, daß es sehr bedauerlich gewesen wäre, wenn ich den ersten Kosekontakt mit einer nackten Mädchenbrust nicht hätte genießen können. Die moralische Entrüstung über das Verhalten der fraglichen Person hatte Zeit, sie konnte nach gehabtem Genuß meine Handlungen absegnen.

Zunächst war da nur dieses erregende Abenteuer, das meine Hand wie zufällig und doch so zielstrebig unter Utes Bluse lockte. Und da war sie: die erste tatsächliche Brust. Ob sie sich so anfühlte, wie ich mir das in meinen Träumen vorgestellt hatte, weiß ich nicht so genau, ich weiß nur, daß es schön war. Aber auch dieses schöne Gefühl dürfte – wie schon bei anderen Premieren, von denen ich sprach – zu einem beachtlichen Teil von der Tatsache hergerührt haben, daß diese Etappe nun auch geschafft war.

Ermutigt durch die Unbefangenheit Utes, die sich nicht gegen meinen Zugriff wehrte, wurde ich kühn genug, gleich auch noch die nächste Etappe anzugehen. Nach angemessener Zeit ließ ich meine Hand von der Brust ganz allmählich über die weiche Haut ihres Bauches auf die Gürtellinie zuwandern. Fast kam es mir vor, als würde sie sogar ein bißchen die Luft anhalten, damit der Spalt zwischen ihrem Gürtel und ihrem Leib offen genug wäre, mich durchzulassen. Und dann, nach ein paar dieser Sekunden, die nach Ewigkeit schmecken, hatte ich meine Hand am Brennpunkt meiner Phantasien. Das war schon wahnsinnig, dieses erste Fühlen des Kräuselhaars und des dazwischenliegenden unwahrscheinlich zarten Fleisches . . .

Ich kann mir vorstellen, daß diese Schilderung in Ihren Ohren klingen muß wie die fachkundige Beurteilung eines Steaks, aber mir fallen tatsächlich keine besseren Worte ein. Es war unwahrscheinlich zart – und es war Fleisch, es war das Nackteste, das ich jemals gefühlt hatte, und ich glaube, daß in diesem Augenblick der Gedanke an etwas endlich Erreichtes keine Rolle spielte.

Irgendwann muß mein Kopf wieder eingesetzt haben, denn ich weiß noch gut, wie mich die Nässe beeindruckte, die ich in diesem zarten Fleisch vorfand. Ich konnte sie mir damals nicht erklären, aber sie war warm, und sie gab sich meinen Fingern mit, die ich mir in jener Nacht, zu Hause in meinem Bett, noch so lange unter die Nase hielt, bis ich selig einschlief.

Ich kann und will nicht beurteilen, warum Ute sich damals so verhielt, ob sie meinen Bruder und mich ein bißchen foppen wollte, oder ob sie sich ganz einfach das Recht nahm, den einen zu lieben und mit dem anderen trotzdem zu schmusen. Den Konflikt, der aus ihrem Verhalten entstand, trugen wir Männer untereinander aus. Mein Bruder erfuhr auf irgendeine Weise von diesen Vorkommnissen und war zutiefst verletzt, während ich zu einer Höchstform im Argumentieren auflief. Ich vertrat mit einer derartigen Vehemenz und Überzeugung meinen rechtschaffenen Standpunkt, bemühte mich, meine ehrenvollen Motive zu erläutern, daß mir heute noch angst und bange wird bei dem Gedanken, wozu mich meine Anfälligkeit als Mann gebracht hatte – oder nennen wir's vielleicht ruhig meine Käuflichkeit.

Die Episode mit Ute endete irgendwann in einer friedlichen Kameradschaft zwischen allen Beteiligten, was ich meinem Bruder hoch anrechnen muß. Er hätte männliche Gründe genug gehabt, mich mit Verachtung zu strafen. Ansonsten blieb aus dieser

Zeit eine Regel in mir haften, die meine Mutter mir auf meinen weiteren Weg mitgeben zu müssen glaubte. Sensibel, wie sie war, hatte sie mitbekommen, was da im Busch war. Sie mischte sich nicht ein, denn sie war dezent, aber einen Hinweis konnte sie sich doch nicht verkneifen: »Mein Junge, merke dir: Die Frau eines Bruders oder Freundes ist tabu!« Sie hat es sicher gut gemeint, und ich versuchte auch, in der Folgezeit diesen Grundsatz zu beherzigen. Bis mir eines Tages klarwurde, daß er ja nichts anderes bedeutet als die Entmündigung der betreffenden Frau.

Nach dieser Geschichte fühlte ich mich zwar wesentlich erfahrener, doch meine Hemmungen waren keineswegs beseitigt. Also verfiel ich wieder ganz und gar meiner mich schützenden Moral, die es mir erlaubte, die Finger zu lassen von solchen Gefahrenquellen.

Zu einer zweiten Pause in meinem Theater der Anständigkeit kam es erst, als einmal wieder die Schwedinnen über uns hereinbrachen. Ich muß das so nennen, weil es genau das ausdrückt, was in der Vorstellung der gesamten männlichen Jugend unserer Stadt geschah. Bei dem Wort ›hereinbrechen‹ ist allerdings weniger an ein Ungewitter zu denken als an einen warmen Regen oder an gefüllte Tauben, die aufs Schlaraffenland niederprasseln.

Seitdem irgendwelche Stadtväter auf die Idee gekommen waren, den weltoffenen Geist unserer Universitätsstadt zu demonstrieren, indem man im Sommer jeweils eine Gruppe von schwedischen Schülerinnen einlud, und nachdem der erste Besuch dieser Art außerordentlich eindrücklich verlaufen war, waren in den folgenden Jahren bereits im Mai deutliche

Vorbeben zu spüren, die sich im Juni dann in einem heftigen Hauptbeben entluden, wenn sie tatsächlich kamen, die Schwedinnen. Denn der Eindruck, den die ersten Mädchen aus dem hohen Norden hinterlassen hatten, glich dem von Wesen aus einer fernen Galaxis, so anders war ihre Art, mit Männern umzugehen. Ich hatte später Gelegenheit, den gesellschaftlichen Hintergrund dieses anderen Verhaltens in Schweden selbst zu begreifen, aber zunächst ließen uns die wesentlich unkomplizierteren Umgangsformen dieser Mädchen nur darauf schließen, daß es sich bei ihnen um Freiwild handeln müßte.

Die Schwedinnen waren verständlicherweise sehr angetan von der – in ihrer Heimat nicht gebotenen – Möglichkeit, so leicht an öffentliche Geselligkeit und damit verbundenen legalen Alkoholgenuß zu kommen, und am ausgiebigsten war beides zu finden in unserem Jazzkeller. Dieser Ort wurde im fernen Schweden offensichtlich schon nach der ersten erregenden Invasion als heißer Tip gehandelt. Man konnte jedenfalls damit rechnen, daß die Schwedinnen, kaum waren sie auf honorige Familien der Stadt verteilt, die erste Gelegenheit wahrnahmen, geschlossen im Jazzkeller zu erscheinen.

Bei diesem festlichen Anlaß stand schon eine Stunde vor Öffnung des Lokals eine Schlange von Männern vor der Pforte, getrieben von der Furcht, etwas zu verpassen. Wenig später war der Keller gerammelt voll, und heftig wogten die Männermassen in zitternder Spannung durchs Gewölbe. Und dann, irgendwann, hörte man das Klappern, dieses heißersehnte Klappern von Holzpantinen die Treppe herunterkommen, und die Armada der Galaxisgeschöpfe tauchte in den Raum.

Ich sage Ihnen, was ich da erlebt habe, habe ich nie

wieder beobachten können, denn es ist mir bisher erspart geblieben - dieses Bild drängt sich mir auf –, als Mitglied einer gestrandeten Schiffsbesatzung auf einem abgelegenen Eiland wochenlang ausharren zu müssen, bis plötzlich auf zwanzig, vierzig oder sechzig Männer ein Boot mit fünf, zehn oder fünfzehn willigen Frauen zurudert.

Ich habe das, was dort passierte, als Beobachter erlebt. Meine Moral stand dagegen, mich an diesem Wettrennen zu beteiligen, deshalb sind mir wahrscheinlich die Eindrücke besonders stark haftengeblieben. Wirklich, es war so: Ein Typ zog am linken Arm, einer am rechten, und ein Dritter hatte schon zerrend seine Hände um die Hüfte eines Schwedenmädchens gelegt, um es gleich zum nächsten Tanz zu gebrauchen. Für mich war es auf eine schmerzliche Art unverständlich, warum dann ein solches Mädchen mit dem brutalen Sieger in einer Weise tanzte, die mich zutiefst beunruhigte. Die Eroberte ging mit ihrem Eroberer sofort in Fühlung, sie legte ihren Arm um seinen Hals, ihren Kopf auf seine Schulter und schmiegte sich eng an seinen Körper. Ich mußte das selbstverständlich ablehnen. Sowohl die geilen Weiber als auch die triebhaften Böcke waren mir ein Greuel. Was blieb mir auch anders übrig in meiner Situation? Heute bin ich sicher, daß sich nicht jede Schwedin gleich verhalten hat und auch nicht jeder Mann, aber als Draußengebliebener mußte ich das so sehen.

Meine Zurückhaltung war jedoch schnell dahin, als sich mir die günstige Gelegenheit bot, ohne Anstrengung in die Nähe einer Schwedin zu geraten. Es war an meinem achtzehnten Geburtstag. Wir hatten in einem jener dafür so geeigneten Gartenhäuser am Schloßberg eine Sommernachtsparty organisiert, und ich kann beim besten Willen nicht mehr sagen, wie es uns gelungen war, ein paar schwedische Mädchen zu bewegen, auf diesem Fest zu erscheinen. Wenn eine noch so kleine Liebesgeschichte beginnt, erinnert man sich später meist erstaunlich gut an Details. Es ist also bezeichnend, daß ich in diesem Fall so gut wie alles vergessen habe, was die Einleitung meines ersten direkten Kontakts mit einer Schwedin angeht. Bei einem solchen Mädchen brauchte das alles nichts mit Liebe zu tun zu haben, da war meine Moral sehr schnell umzufunktionieren. Das war die Gelegenheit, Erfahrung zu sammeln und vor allem auch den vorhandenen Kameraden zu zeigen, daß ich durchaus in der Lage war, meinen Mann zu stehen, wenn es darauf ankam.

Verdorben durch die absurden Phantasien, die um das Phänomen Schwedin kreisten, griff ich einfach zu. Weg war der Gedanke ans Heiratenmüssen, weg war der Anspruch an Schönheit des Geistes und des Körpers – Hauptsache, es war eine Schwedin! Es werden wohl vier oder fünf Mädchen gewesen sein, mit denen wir – wie so oft – zahlreicheren Burschen uns am Lagerfeuer vor dem Gartenhaus tummelten, Bier tranken und uns an starken Sprüchen erregten, die die Schwedinnen nicht verstehen konnten.

Ich weiß nicht, wie es dazu kam, daß ich auf einmal mit Barbara im Gras lag. Ich weiß nicht, wie sie aussah, ich weiß nicht, was sie anhatte, ich weiß aber – aus der Erinnerung an das, was ich an ihr ertastete –, daß ich sie nicht für schön hielt. Wahrscheinlich lehnte ich sie auch instinktiv ab, weil sie sich von mir anfassen ließ. Wir konnten auch nicht miteinander sprechen. Es gab eigentlich nichts an diesem Mädchen, was mich hätte anziehen können, außer eben der Chance, gefahrlos an einer Schwedin herumzu-

fummeln, die in ein paar Tagen sowieso wieder weg war. Es war ein klassischer Fall von ›eine Frau gebrauchen‹.
Das tat ich denn auch. Während ich sie knutschte, knetete ich ihre Brust und machte ihr damit sicher nicht viel Freude. Und da die Gelegenheit so günstig war, schob ich auch gleich noch meine Hand in ihren Schlüpfer und fühlte ihre Schamhaare, ihre Schamlippen und die Feuchtigkeit dazwischen. Ich muß das mit so ungeliebten Worten beschreiben, denn eigentlich war es nicht mehr als ein handwerklicher Vorgang – bei einer Schwedin faßt man da einfach hin.
Erst kommt das Fressen, dann die Moral, hat Bertolt Brecht einmal so treffend festgestellt – doch bei mir kam es viel schlimmer! Nachdem ich mir bei der intensiven Fummelei im Gras einen Samenerguß zugezogen hatte, wurde es mir entweder zu kühl oder ich dachte plötzlich an mögliche Grasflecken auf meinem Hemd. Wir suchten jedenfalls das Innere des Gartenhauses auf, wo sich Barbara im Düstern auf eine Couch legte und wohl mit der Fortsetzung des Treibens rechnete. Da meine Befriedigung ohne ihre tätige Mithilfe gelungen war, konnte sie mein augenblickliches Desinteresse nicht ahnen. Mir stand der Sinn wesentlich nach einem Bier, und so bewegte ich mich fort von ihr, wobei ich ihr irgendwie klarmachte, daß ich gleich wiederkäme. Kam ich aber nicht! Denn ich stieß beim Bierholen auf meinen Freund Addi, der übriggeblieben vor der Hütte saß. Sofort hatte ich eine glänzende Idee, wie ich zwei Fliegen mit einer Klappe glücklich machen könnte. Ich vermerkte kurzerhand, daß da drin auf der Couch diese Barbara lag, die mich schon die ganze Zeit mit Fragen nach ihm genervt hatte. Ob er denn nicht mal nach ihr sehen wollte. Und ob er wollte!

Der Tatsache, daß Addi nicht umgehend mit gesenktem Haupt zurückkam, konnte ich entnehmen, daß der Entlastungsangriff geglückt war. Doch der Friede währte nicht lange. Irgendein Idiot muß sich im Gartenhaus eine Zigarette angezündet oder sonstwie Licht verbreitet haben, jedenfalls entstand plötzlich Bewegung. Ich hörte international verständliche Laute der Entrüstung, begleitet von heftigem Schluchzen. Unter Ächzen lösten sich überall festgefahrene Umarmungen. Die Schwedenmädchen strebten in Solidarität zueinander und bildeten am verglimmenden Lagerfeuer eine beratende Versammlung um die völlig aufgelöste Barbara herum. Irgend etwas Schauerliches mußte vorgefallen sein. Ich fürchtete instinktiv, daß es auch etwas mit meiner Person zu tun haben könnte, doch anteilnehmende Fragen stießen nur auf eine Mauer von unverständlichem schwedischem Palaver. Addi hatte nun endlich jenen gesenkten Kopf, den ich schon vorher befürchtet hatte, doch auch er war ratlos, wußte keine Erklärung für die offenbar sehr abrupte Befreiung Barbaras aus seiner brünstigen Umarmung. Irgend etwas mußte er wohl falsch gemacht haben – aber was? Oder war es vielleicht doch ich, der durch ein kapitales Fehlverhalten diese Tränenflut ausgelöst hatte?
Ich bewegte mich von der Schar der beklommenen Kameraden weg zu den Mädchen, hockte mich neben Barbara, legte meine Hand auf ihr blondes Haar und begann sie unbeholfen zu streicheln. Sie hob ihren nassen Blick, schaute mich schmerzerfüllt an und brach in neuerliches Schluchzen aus.
Auf ihre Freundinnen wirkte mein Streicheln offenbar wie ein Akt der Reue. Sie wurden etwas versöhnlicher, und diejenige, welche des Deutschen am

mächtigsten war, gab nun auch den Grund für Barbaras Schmerz preis. An ihren Satz erinnere ich mich genau, es war schon ein krauser Konjunktiv, mit dem sie sich ausdrückte: »Barbara wußte doch nicht, daß Addi es wäre, der auf ihr läge!« Na, so was! Da geht man ganz selbstverständlich davon aus, daß es einer Schwedin völlig egal ist, welcher Mann sie beglückt – Hauptsache, sie hat einen. Und dann das!

Ich weiß nicht, was mich nun mehr verwirrte: der Gedanke, vermißt worden zu sein, oder die Tatsache, daß Barbara dieses Kuckucksei Addi erst so spät in ihrem Nest entdeckt hatte. War er etwa genausogut zur Sache gegangen wie ich? Sie mußte doch einen Unterschied festgestellt haben. Andererseits paßte es auch wieder ganz gut in das Bild, das ich mir von diesem Mädchen machen wollte, daß sie eben nichts bemerkt hatte, weil sie dazu einfach zu beschränkt und zu scharf war.

Ich bemühte mich, Barbara zu beruhigen, indem ich alles auf ein Mißverständnis zurückzuführen versuchte, verhielt mich die restliche Zeit brav und verständnisvoll und war erleichtert, als die Mädchen aufbrachen, um zu ihren Gastfamilien heimzukehren. Irgendwer brachte sie auch nach Hause, so daß ich befreit zurückbleiben konnte. Ich machte mich mit Addi über die noch vorhandenen Biere her, schließlich hatte ich Geburtstag und somit ein Recht. Wir besoffen uns ordentlich, schlugen uns immer wieder kräftig auf die Schultern und quietschten jedesmal vor Vergnügen, wenn wir diesen gelungenen Satz wiederholten: »Barbara wußte doch nicht, daß Addi es wäre, der auf ihr läge!«

Wie konnte aus mir unschuldigem, wohlerzogenem Jungen, der sich so nach Liebe und Zärtlichkeit sehnte, in solch einer Situation dieser blanke Zynismus hervortauchen? Wie konnte ich mich dem Mädchen gegenüber in Gedanken und in der Tat dermaßen übel benehmen? Das habe ich mich später oft gefragt, aber ich wußte keine Antwort. Den wahren Grund, meine Unsicherheit gegenüber Frauen, durfte ich mir nicht eingestehen, also fand ich ihn nicht. Meine Männlichkeit erlaubte es mir, zu glauben, daß ich mich völlig normal verhalten hatte, und doch fühlte ich mich schuldig, obwohl ich es eigentlich nicht war.

Ich glaube, man sollte überhaupt von Schuld nur bei Menschen sprechen, die Macht besitzen und Unrecht tun. Das Handeln anderer Menschen macht diese nach meiner Überzeugung nicht schuldig, sondern es gibt Gründe dafür, die immer den Versuch wert sind, sie zu verstehen. Wenn das gelingt, ist es leichter, wenn nicht gar unnötig, zu verzeihen.

Verstehen Sie mich bitte nicht falsch. Ich will damit nicht sagen, daß Frauen das miese Verhalten mancher Männer hinnehmen sollten, weil es aus seelischer Not geboren ist. Das Verständnis der Gründe kann auch dazu helfen, sich selbst besser zu schützen. Eine Frau, die den Zynismus eines Mannes auf seine Unsicherheit zurückführen kann, wird sich nicht mehr so sehr ausgeliefert und verletzt oder erniedrigt fühlen. Und sie kann ihn sicher eher zur Menschlichkeit bewegen, wenn sie die Möglichkeit einräumt, daß sich hinter der geäußerten Kälte eine Wärme verbirgt, die nur nicht zur Wirkung kommt, weil es die Männlichkeit verbietet.

Beate war eine auffällige Erscheinung. Nicht nur weil sie blond und hübsch war, nicht nur weil sie, mit asymmetrisch wiegendem Schritt, ihren Kopf auf sonderbare Weise seitlich nach unten geneigt, scheinbar immer sinnierend, durch die Altstadtgassen schwebte, sondern weil sie in jeder Beziehung Unkonventionalität verströmte. Sie setzte sich in einer Weise von ihrer kleinbürgerlichen Umwelt ab oder in Widerspruch zu ihr, daß sie gleichermaßen bemerkenswert wie verdächtig war.

Daß ich, der ich mich selbst für etwas Besonderes halten wollte, nicht sofort in heißes Verlangen verfiel, als sie in greifbare Nähe rückte, hatte seinen Grund in ihrer älteren Schwester Gisela. Diese hatte mein Bruder kennengelernt, er brachte sie – nach dem Präzedenzfall Ute – erstaunlich sorglos in meinen Kontaktbereich und bereitete damit prompt den Weg für den Lauf der Dinge: Ich verknallte mich in Gisela. Nur hatte ich in diesem Fall keinen Anlaß, als rettender Ritter tätig zu werden, denn einerseits hatte dieses Mädchen nicht die geringste Verdorbenheit an sich, andererseits verband sie mit meinem Bruder kein erklärtes Verhältnis. Sie stand sozusagen mit beiden Beinen auf dem freien Markt und war damit den Gesetzen von Angebot und Nachfrage unterworfen. Und schon begann unser Konkurrenzkampf zu toben, sehr verdeckt und kontrolliert, versteht sich, aber doch mit all der sanften Härte, die so leicht Wunden in die Seele reißt.

Gisela hatte jene unverbindlich-verbindliche Art, mit Männern umzugehen, die ich später noch oft bei Frauen erleben mußte. Da war nicht das geringste Interesse, über kleine Verlockungsberührungen hinaus weiteres mit sich geschehen zu lassen. Auch sie verfügte über diesen unnahbaren Sex, der die Sehnsucht genauso groß macht, wie die gelegentlichen Gesten der Zuneigung klein sind. Wenn es Gisela zuließ, daß man beim Tanzen eine Hand auf ihren Nacken legte, dann wirkte das wie ein Signal, daß man bald mehr erlaubt bekommen würde, aber kaum wagte man es, seinen Kopf auf ihr immer duftendes Haar zu senken, schon brach sie in eine angeregte Konversation aus.

Und dann dieser Lippenstift! Gisela legte soviel Wert auf die Blutröte ihrer Lippen, daß sie sich erstens ständig nachschminkte, zweitens dadurch ihren Mund für uns Männer magnetisch gestaltete, drittens jedoch auch deutlich machte, daß sie es als störend empfinden könnte, wenn ihr Kunstwerk zerstört würde – und wodurch passiert solches am radikalsten: durch einen Kuß! Ich will nun nicht behaupten, daß sich Frauen nur dann die Lippen röten, wenn sie nicht geküßt werden wollen; aber Frauen, die sich mit Freude in der Nähe eines Kusses wähnen, vergessen in solchen Momenten doch wohl den Lippenstift – oder?

Gisela gelang es trotz ihrer jungen Jahre schon so perfekt, mehrere sie umgebende Männer durch sorgfältig verteilte Zuwendung ständig in einem Wechselbad von Hoffnung und Verzweiflung zu belassen. Sie wollte sich auf keinen von uns beiden festlegen, hatte aber auch ein Interesse daran, uns beide zu halten. Ihre einzige Möglichkeit, Lust zu empfinden, bestand offenbar darin, verehrt zu werden. Und das boten wir ihr zur Genüge!

Es war zum Heulen! Immer wenn ich gerade glaubte, von dem ewigen Hin und Her restlos die Nase voll zu haben und daraus endlich die Konsequenz ziehen zu können, einfach nicht mehr in sie verliebt zu sein, düngte sie mein fast verkümmertes

Hoffnungspflänzchen mit einem heißen Blick, mit einem durch die Luft geschmatzten Küßchen oder mit der Aufforderung zu einem exklusiven Spaziergang durch die winterlichen Gassen der Stadt.

Ihr Arsenal war gesteckt voll mit all den kleinen Waffen einer Frau, die einen Mann ganz schön aufreiben können, der nicht weiß, ob er mit Weichheit oder Härte reagieren soll. Ich habe das immer wieder durchstehen müssen, und ich sage Ihnen, es kann einen verdammt hilflos machen, wenn man sich als einer von mehreren Männern um eine Frau bemüht. Leider ist es nun mal so in unserem gesellschaftlichen Leben, daß sich derartige zahlenmäßige Mißverhältnisse sehr oft ergeben, beispielsweise in Kneipen.

Wie oft habe ich mir gewünscht, es umgekehrt zu erleben, der einzige Mann unter mehreren Frauen zu sein. Ich habe sehr lange gebraucht, um mit derartigen Situationen einigermaßen fertig zu werden. Ich will damit nicht sagen, daß mir diese Hilflosigkeit völlig fremd geworden ist, aber nach den unterschiedlichsten Erfahrungen bin ich zu dem Ergebnis gekommen, daß es ungeheuer wohl tut, sich entweder aus dem Balzgeschehen völlig herauszuhalten oder aber Zuneigung deutlich auszusprechen, sie also nicht nur durch kämpferisches Gebaren auszudrücken.

Wie oft habe ich versucht, mich in einem Männerkreis, der um eine begehrte Frau wogte, durch lautstarke Originalität in die beste Position zu rücken, wie oft habe ich versucht, mich durch gespieltes Desinteresse gegenüber den deutlich interessierten Konkurrenten zu profilieren. Alles Quatsch! Ich kippte – im ersten Falle – womöglich nur unnötige Mengen Wasser auf die Mühlen der Eitelkeit oder der Not dieser Frau, und im zweiten Fall geriet das gespielte Desinteresse unter Umständen zu einer Fadheit oder Ruppigkeit, die der Frau nur Nichtbeachtung oder gar Ablehnung entlockte.

Irgendwann habe ich es einmal geschafft, und das ist noch gar nicht so lange her, zu einer Frau, die auf das heftigste umworben wurde, zu sagen: »Auch ich mag dich unheimlich gern, und ich meine, daß du ein Recht darauf hast, das zu wissen!« Schon war ich von einem gewaltigen Druck befreit. Ich mochte sie wirklich sehr gern, aber da ich es deutlich gesagt hatte, war ich von da an nicht mehr gezwungen, mich in irgendwelchen Strategien zu ergehen. Ich konnte relativ entspannt das anhaltende Treiben um sie beobachten, und wenn mich mal ein Blick von ihr traf, dann mußte ich nicht keck mit den Augen zwinkern oder abgrundtief melancholisch glotzen, sondern ich konnte ihr ganz unverstellt liebevoll entgegenlächeln, und das tat gut!

Ich hatte später Gelegenheit, dieses Mädchen näher kennenzulernen, und da wurde deutlich, daß sie in jener Situation nichts, aber auch gar nichts von irgendeinem Mann wollte. Kein Umwerben, kein Beschützen, keine Zärtlichkeit, keinen Sex. Sie wollte einfach nur da sein. Sie hatte das Kampfgetümmel um sich herum in keiner Weise provoziert, sie war nur hübsch und hatte eine Ausstrahlung, mehr konnte man ihr nicht anlasten. Wir Männer reagierten wie die Hunde im berühmten Pawlowschen Test, denen nach mehrmaligem Vorsetzen von Fleisch in Verbindung mit einem Klingelzeichen dieses Klingelzeichen allein genügt, um Magensäfte zu entwikkeln.

Zahlenmäßige Überlegenheit kann quälende Unterlegenheitsgefühle bei männlichen Bewerbern hervor-

rufen, und das wird immer wieder zu Turbulenzen um eine begehrte Frau führen, ob sie ihre kleine Macht nun genießt oder nicht.
Wir Männer neigen dazu, aus solchen Erfahrungen den Vorwurf abzuleiten, die Frauen nützten derartige Situationen schamlos aus, anstatt uns zu fragen, ob sie nicht vielmehr eine Rolle spielen, in die wir sie hineindrängen. Selbst wenn sie diese Rolle dankbar übernehmen, selbst wenn sie aus ihrer Position genüßlich oder gar rücksichtslos Kapital schlagen, wäre zu bedenken, daß jedes Schauspiel seinen Sinn und Zweck verliert, wenn man ihm das Publikum entzieht. Mit dieser Erkenntnis müßten wir uns dann eigentlich vom Schauplatz entfernen, aber die Männlichkeit in uns setzt auf Sieg und treibt uns mit großer Wahrscheinlichkeit in die Niederlage, denn siegen kann, wenn überhaupt, immer nur einer.
Gisela genoß offensichtlich ihre kleine Macht. Während wir uns zermürbten, blühte sie unter der doppelten Zuneigung auf. Sie hielt uns ständig in Bewegung, indem sie es geschickt vermied, einen von uns beiden zu deutlich zu bevorzugen. Es herrschte ein fatales Gleichgewicht.
Mein Bruder war es schließlich, der auf eine Idee kam, wie er die Unentschiedenheit, die ihn ebenso nervte wie mich, zu seinen Gunsten umkippen könnte. Er lud Gisela und ihre Schwester Beate ein, mit uns beiden ins Kino zu gehen. Das war raffiniert, denn in einer solchen Konstellation mußte sich ja gleich zu gleich gesellen, also der ältere Bruder zur älteren Schwester und damit ich zu Beate!
Das war gut gedacht, aber nicht leicht herzustellen. Denn selbstverständlich war ich nicht bereit, dieses Spielchen mitzumachen. Und da der Mensch nun mal über eine linke und eine rechte Seite verfügt, war

neben Gisela Platz für uns beide. Sowohl beim Gang ins Kino als auch dort flankierten wir sie konsequent – ach ja, und dann war da noch irgendwo die kleine Schwester ...

Beate verlangte mir genausowenig Interesse ab wie der Western, der gegeben wurde. Es war ›Der Mann, der Liberty Valance erschoß‹, und die Tatsache, daß mich dieser anerkannt spannende Klassiker dermaßen anödete, läßt deutliche Schlüsse zu auf meinen inneren Zustand, aus dem ich wesentlich mehr Spannung bezog.

Der raffinierte Schachzug meines Bruders hatte den Charme einer Bowling-Kugel und somit eine verheerende Auswirkung auf die Stimmung aller Beteiligten: Gisela war sauer, weil sie unser beider Zuneigung nun vermeintlich nicht mehr für sich allein hatte; Beate war sauer, weil ihre Überflüssigkeit immer deutlicher wurde; ich war sauer, weil mein Bruder mir Beate als Blitzableiter vor die Nase gesetzt hatte; und er selbst war sauer, weil alles nicht so lief, wie er es sich ausgedacht hatte.

Nun geht man ja nach einem Kinobesuch mit eingeladenen Damen nicht einfach nach Hause. So schleppten wir also uns und unseren verkorksten Seelenzustand noch in ein nettes Lokal auf ein Gläschen, wo sich dann doch allmählich eine gelinde Besserung einstellte.

Gisela merkte wohl langsam, daß Beate keine echte Konkurrenz war, und wurde wieder etwas aufgekratzter. Als sie dann in zunehmendem Maße ihre liebenswerten Eigenschaften durch manirierten Frohsinn verdeckte, als an ihrem Mineralwasserglas wieder dieser Lippenstift haften blieb, da wandte ich mich erstmals zögernd Beate zu. Sie war so ganz anders, und wenn sie mir im Moment auch noch ziem-

lich fremd vorkam, so tauchte doch eine kleine Hoffnung auf, daß sie mir aus meiner glücklosen Verknalltheit heraushelfen könnte.
Entsprechend verlief dann auch der Heimweg bisweilen in der von meinem Bruder angestrebten Formation. Ich fand mich ab und zu neben Beate, und wir wechselten ein paar Worte, wobei mir die, die sie beisteuerte, ausgesprochen gut gefielen.

Es dauerte fast einen Monat, bis aus den zögernden Anfängen eine Liebesbeziehung wurde, die sich auf einen handfesten Entschluß gründete. Und der mußte sein, denn ich hatte Prinzipien! Beate pflegte nicht unbedingt den Lebenswandel einer Frau, der ich meine Liebe schenken wollte. Ihre Kontakte mit einer Vielzahl unterschiedlichster Männer stellten die von mir fest eingeplante Ausschließlichkeit doch sehr in Frage. Ich wußte allerdings nie so recht, ob dieser männliche Umgang einem wirklichen Bedürfnis entsprang oder ihrem Hang zur Inszenierung, denn Beate war ein dramatisches Geschöpf. Hinzu kam, das es mir gar nicht leichtfiel, mich von ihrer Schwester Gisela innerlich zu lösen.
Meine Unentschlossenheit verbarg ich hinter einer Position der Stärke, und Beate hatte auch bald einen passenden Beinamen für mich: Herkules, wobei ich mir nicht sicher war, ob sie das nun eher spöttisch oder bewundernd meinte.
Daß sie bei diesem Namen nicht an die meisterlichen Kraftleistungen des Sagenhelden dachte, sondern an etwas anderes, wurde mir deutlich, als wir eines Abends in Theater gingen. Da erbat sie sich von mir während der Vorstellung meine Eintrittskarte und schrieb darauf ›Herkules am Scheideweg‹. Aha, so war das also gemeint. Zugegeben, Beate hatte ein

Recht darauf, daß ich mich endlich klar entschied, aber inszenieren ließ ich mich nicht, das sollte sie mit ihren anderen Freunden machen.
Und so verlief an jenem Abend unser Heimweg noch einmal wie üblich. Ich brachte Beate bis zu einem bestimmten Punkt in einer bestimmten kleinen Gasse, die genau in der Mitte lag zwischen ihrem Elternhaus und meinem, und von dort ging sie nach einem warmen Händedruck wie immer allein weiter. Ich sah ihr nach, wie sie mit gesenktem Kopf und asymmetrisch wiegendem Schritt in der Dunkelheit verschwand, und wußte, daß es schon morgen ganz anders sein würde.
Hauptsache war, daß ich noch einmal stark geblieben war! Da schreckte mich auch nicht der Gedanke, daß Beate jetzt sicher fest entschlossen war, mich nie wiederzusehen, wo ich doch ihr deutliches Zeichen so schnöde mißachtet hatte.
Sich nicht zu sehen war in der Übersichtlichkeit unserer Kleinstadt gar nicht möglich. Ich brauchte mich nur wachsam an meinem Fenster aufzuhalten und zu warten, bis ich sie erspähte, denn ihr Schulweg führte sie normalerweise unter meinem Zimmer vorbei. Am nächsten Tag hatte Beate nachmittags Unterricht, das wußte ich, und so lauerte ich zur entsprechenden Zeit am Fenster. Und siehe da, in der Abenddämmerung tauchte sie plötzlich um die Ecke. Sofort rannte ich aus dem Zimmer, die Treppe hinab, aus dem Haus und die Gasse hinunter hinter ihr her.
Sie wirkte nicht allzu überrascht, als ich sie eingeholt hatte und sie ansprach. Ein bißchen hatte sie wohl doch damit gerechnet, sonst hätte sie zur Not ja auch mal einen anderen Weg nach Hause nehmen können. Ich fragte sie, ob ich sie vielleicht doch noch

einmal ein Stück begleiten dürfte, und sie nickte stumm mit allen Zeichen hoffnungsloser Resignation.

Ich wußte es besser, schließlich hatte ich meinen Entschluß gefaßt. Seine Ausführung stand mir allerdings noch bevor, und so versuchte ich, mein heftiges Herzklopfen und meinen hastigen Atem unter Kontrolle zu bekommen, während ich schweigend neben Beate herging, die ebenfalls schwieg. Wer überzeugend seinen ›Hat-ja-doch-alles-keinen-Sinn‹-Standpunkt vorführen möchte, der sagt nichts. Als wir an die Stelle in der kleinen Gasse kamen, an dem wir uns sonst verabschiedeten, war es Zeit für den Akt, den diesmal ich inszenierte. Abrupt blieb ich stehen, holte ein letztes Mal tief Luft, dann warf ich meine Arme um sie, und wir küßten uns unseren ersten Kuß von der Seele.

Herkules hatte sich entschieden. Ich hatte den Weg in Richtung Beate eingeschlagen und brachte sie diesmal ganz nach Hause. Dabei blieben wir immer wieder stehen und küßten uns, küßten uns den Weg frei für die Unendlichkeit unserer Liebe. Denn daß wir uns liebten, das wußten wir nun.

Wir waren also ein Paar – und was für eins! Ich begann eine Art Tagebuch zu führen, indem ich in einen kleinen Taschenkalender Stichworte oder auch nur Symbole eintrug. Schon der Anfang unserer Gemeinsamkeit nahm sich in dieser schematischen Bestandsaufnahme aus wie ein graphisch stark vergröberter Aprilwetterbericht. In reger Folge wechselten da die Blitz- und Sonnensymbole. Aber wir liebten uns. Wir glaubten sicher beide an die Richtigkeit der unsinnigen Behauptung, daß ein gelegentlicher Streit einer Partnerschaft eher nützt als schadet.

Gemessen an den Unebenheiten unserer Harmonie, verlief mein Abitur ziemlich glatt. Das war eine Angelegenheit von Leistung und entsprechendem Erfolg oder Mißerfolg, das war berechenbar und somit leichter zu bewältigen als die Furcht vor Beates Überraschungen.

Ihre zahlreichen Kontakte mit anderen Männern hatte sie keineswegs aufgegeben, nachdem wir beschlossen hatten, ein Paar zu sein. Eifersuchtsgefühle hatten mich zwar schon früher hin und wieder geplagt, aber bei Beate bekamen sie eine viel größere Bedeutung, denn unsere Liebe war eine Institution: Sie war meine Freundin, wir gingen miteinander, sie gehörte zu mir. In meinem männlichen Selbstverständnis verlangte das von mir ein deutliches Handeln für den Fall, daß Beate zu weit ging. Und damit glaubte ich ständig rechnen zu müssen.

Es waren gewiß ehrenwerte Herren, mit denen sie sich zum Teil regelmäßig traf, und ich bin auch sicher, daß es ihr bei diesen Kontakten um nichts anderes ging als um gepflegte Konversation, wie sie mir immer wieder beteuerte. Aber diese Männer hatten etwas an sich, was mich stark beunruhigte: Sie waren alle älter als ich. Hinzu kam, daß Beate in ihrer Neigung zum Dramatischen diese Kontakte stets mit einer Aura des Geheimnisvollen umgab.

Eine Zeitlang traf sie sich zum Beispiel an jedem Donnerstag um drei in immer demselben Café mit einem emeritierten jüdischen Professor, um mit ihm gebildete Gespräche zu führen. Sie nannte ihn zärtlich Goldmännchen, er war wohl um die siebzig, und ich habe ihn nie zu Gesicht bekommen. Theoretisch hätte sich hinter Goldmännchen auch ein schlanker Sportstudent verbergen können, aber einerseits verbot es mir mein Stolz, zu spionieren, andererseits wäre ein Sportstudent viel zu trivial gewesen. Beate schätzte das Besondere, und da paßte ein jüdischer Professor allemal besser ins Konzept.

An noch zwei weitere Bildungsspender erinnere ich mich, die in meinem Revier herumspukten.

Der eine war Germanist und fiel nicht nur durch seine Trinkfestigkeit und sein Trenchcoat-Image auf, sondern er beanspruchte auch durch seinen Doppelnamen Maier-Grohlmann und durch seine gelegentlichen journalistischen Ergüsse in der örtlichen Zeitung zusätzliches Gewicht. Bei dem anderen handelte es sich um einen wehmütigen Physikstudenten, dessen vermutlicher Name Andreas von Beate in ein wohltönendes Andruscha umgewandelt wurde, passend zu seinem umflorten Blick, der schwarzäugig die gesamte Tristesse der Taiga zu enthalten schien.

Noch einen vierten möglichen Konkurrenten gab es, der etwas aus diesem akademischen Rahmen fiel. Dafür war er vor meiner Zeit mit Beate befreundet gewesen, und ich war der Meinung, daß sie dieses Verhältnis nie eindeutig genug gekündigt hatte. Sie schwor mir zwar, daß die Geschichte ihrerseits völlig abgeschlossen sei, aber er selbst gab nicht auf, sie zu umwerben, und er tat dies nicht unoriginell, obwohl er nicht Goldmännchen, Maier-Grohlmann oder Andruscha hieß, sondern bloß Werner. Er war allerdings auch nur ein Sohn der Stadt und nur unwesentlich älter als ich, das half mir, ihn für nicht allzu gefährlich zu halten.

Diese Männerkontakte mußte ich dulden. Wenn es mir bisweilen auch Zähneknirschen verursachte, daß jene ehrenwerten Herren sich mit Beate schmückten, so war doch zunächst, korrekt betrachtet, kein Tatbestand erfüllt, der mir irgendwelche Konsequenzen abverlangt hätte. Doch dann kam die Faschingszeit ...

Faschingsfeste sind bekanntlich nicht nur geeignet, großes Vergnügen zu bereiten, sie können auch zu Katastrophen führen. Darüber sollte man sich immer im klaren sein, wenn man als Paar hingeht. Es ist dabei unerläßlich, daß beide Partner genau die gleiche Vorstellung haben von dem, was sich schickt und was nicht, sie müssen an denselben Geselligkeiten genau das gleiche Vergnügen haben, und sie müssen das gleiche Interesse aneinander haben, sonst lauert Gefahr, und wenn sie am Ende gemeinsam und unbeschadet den Heimweg antreten, so ist das oft reiner Zufall.

Als ich eines Abends mit Beate ein solches Faschingsfest aufsuchte, mußte ich bald feststellen, wie weit unsere jeweiligen Bedürfnisse auseinanderklafften. Während ich mir vorgestellt hatte, die ganze Nacht mit meiner Freundin durchzutanzen, durchzuplaudern und durchzuschmusen, stand ihr der Sinn mal wieder nach Höherem.

Nachdem sie eine gewisse Anstandszeit bei mir verweilt hatte, gab sie zu meiner Verbitterung einem geistreich dreinschauenden Studenten, der sie zum Tanzen aufforderte, keinen Korb. Sie tanzte mit ihm, kehrte nach einem Weilchen zurück, wirkte eine Spur zufriedener als vorher und ließ sich nach einem weiteren Weilchen von demselben Burschen wieder zum Tanz auffordern. Nach einem etwas längeren Weilchen kehrte sie wieder zurück, wirkte noch eine Spur zufriedener, und so ging das fort. Nur daß die Weilchen, die sie wegblieb, immer länger wurden und die Weilchen, die sie sich bei mir aufhielt, immer kürzer – kein Wunder, denn meine Stimmung wurde immer mieser. Ich verkniff mir zwar jegliche Worte des Tadels – das verbot mir meine Rolle als beherrschter Mann –, aber in meiner Verfassung war ich auch nicht gerade liebenswürdig. Hätte sich mir während Beates Abwesenheit ein entzückendes Mädchen genähert, wäre ich mit meiner Enttäuschung wahrscheinlich ganz gut zurechtgekommen; ich hätte dann etwas entgegenzusetzen gehabt oder wäre zumindest abgelenkt gewesen. Ein entzückendes Mädchen näherte sich aber leider nicht, und um selber aktiv zu werden, war ich viel zu mutlos und verklemmt. So hielt ich mich grollend ans Bier und an ein paar oberflächliche Dialoge mit irgendwelchen mir bekannten Figuren aus dem Haufen herumhängender Männer, die mal wieder gnadenlos in der Überzahl waren.

Irgendwann schien Beate dann überhaupt nicht mehr wiederkommen zu wollen. Mein Unwille steigerte sich in einem Ausmaß, daß ich meine Kontrolliertheit vorübergehend aufgab und durch die dämmrigen Räume strebte, um nach dem Rechten zu sehen. Schließlich waren wir als Paar gekommen, und da gab es nun mal nicht nur Rechte, sondern auch Pflichten.

Es dauerte nicht lange, da hatte ich Beate entdeckt. Sie saß mit ihrem geistreichen Studenten in einer heimeligen Nische und lauschte gebannt seinem Geschwätz. Mein Herzklopfen wurde gewaltig. Ich zog mich unbemerkt zurück und hatte in den nächsten Minuten schwierigste Gedankengänge zu bewältigen.

So, wie sich Beate benahm, mußte für mich auch bei totaler Ausschöpfung meiner Toleranz der Punkt erreicht sein, an dem es zu handeln galt, denn so ging es ja nun wirklich nicht. Aber was tut nun ein Mann in so einem Fall? Er weiß nur, daß er etwas tun muß, sonst kann er sich nicht mehr ernst nehmen. Eifersucht allein ist schon schlimm genug, doch kann man sich dabei wenigstens zu dem Bedürfnis bekennen, den Menschen nicht zu verlieren, den man zu lieben glaubt.

Wenn nun aber der Vorgang, der die Eifersucht auslöst, auch noch die Ehre ankratzt, weil er mutwillig und in aller Öffentlichkeit stattfindet, dann wird es doppelt schwierig.

Sollte ich einfach hingehen und die traute Atmosphäre in der Nische zerstören, indem ich polternd klarstellte, daß ich doch wohl jetzt mal wieder dran sei? Sollte ich es sanftmütiger angehen und aus relativer Ferne so lange hinstarren, bis Beate meinen gebrochenen Blick empfangen und sich sofort auf ihren Anstand besinnen würde? Oder sollte ich einfach taten-, wort- und klaglos den Ort der Ungeheuerlichkeit verlassen und mich an der Hoffnung festklammern, daß sie wenig später verstört und tränennah durch die Räume irrte, um ihren verlorenen Geliebten aufzuspüren?

Der Mann der Tat, der Mann des Stolzes, der Mann der Besonnenheit, der Mann des Zorns und der Mann der Liebe, sie alle fochten in mir im unwegsamen Gelände zwischen Herz und Hirn einen fürchterlichen Kampf, bevor ich mich für ein kombiniertes Vorgehen entschied. Ich ging nicht polternd hin oder starrte sanft aus der Ferne, sondern ich ging sanft hin und sprach mit fernem Poltern in der Stimme: »Du, Beate, ich möcht' jetzt lieber gehen, willst du mitkommen?« Beate sah mich mit großen Augen treuherzig an – das konnte sie gut! – und sagte: »Ooch! Jetzt schon? Laß uns doch noch ein ganz keines bißchen dableiben, okay? – Ach ja: Das ist übrigens Herbert, und das ist Jörn, weißt du, der

Herbert muß mir noch schnell was zu Ende erzählen. Wartest du auf mich? Ja? Ich komm' dann gleich!«

Ich nickte sachlich und bewegte mich aufgeregt wieder in neutrales Gebiet, um meinen nächsten Entscheidungshorror durchzustehen. Denn nun sollte, nach Ablauf einer gewissen Frist, der dritte Akt der kombinierten Strategie erfolgen: das klaglose Fortgehen.

Aber wie lange sollte, mußte, durfte diese Frist sein? Dummerweise hatte ich Beate Gott sei Dank nicht in einer verfänglichen Situation erwischt; auch hatte sie höflich gebeten, noch etwas zu warten, außerdem hatte ich ja nicht das geringste Interesse, sie zu verlieren. Daß ich sie verlieren würde, war aber in meiner Dramaturgie für den Fall vorgesehen, daß ich klaglos fortgehen mußte.

Aber noch war ja Hoffnung, noch dehnte ich die Gnadenfrist, indem ich ein weiteres Bier auf meine brennende Eifersucht goß. Vielleicht waren es auch zwei Biere. Beate tauchte jedenfalls so lange nicht aus der Nische hervor, bis ich förmlich das Reißen der überspannten Bogensehne spürte und mich in die kalte Winternacht hinausstürzte, Beate im eigentlichen und im übertragenen Sinn hinter mir lassend. Dann trottete ich durch die Gassen nach Hause, verlassen, weil ich verlassen hatte, wankend unter der Last der Eifersucht, des Liebeskummers und des Alkohols, doch nicht wankend in meinem Entschluß, daß es auf Beates Verhalten nur eine Antwort geben konnte: die totale Trennung.

Am nächsten Nachmittag erschien die Sünderin bei mir, mit einer raffinierten Mischung aus Schuldbewußtsein und ungerecht behandelter Unschuld. Als einzige Begründung für ihr schmähliches Benehmen am Vorabend hatte sie vorzutragen, daß jener geistreiche Herbert so wunderschöne Märchen erzählt hätte, daß sie wohl vorübergehend das Gefühl für die Zeit verloren habe ...

Doch ich war im schmerzlichen Ablauf eines männlichen inneren Prozesses zu Granit geworden. Märchen auf einem Faschingsfest, leicht geschürzt in einer Nische – ha! Ich mußte Beate trotz aller Beteuerungen ihrer Unbeflecktheit in die Wüste schicken. Und das tat ich dann auch mit grandioser Unnachgiebigkeit und gewichtigen Worten über den Sinn und Unsinn einer Liebesbeziehung, in der die Treue nur eine Statistenrolle zu spielen hat. Ich war wieder Herkules und brachte auch noch die Kraft auf, Beate hinterdreinzuschauen, wie sie unter meinem Fenster die Gasse hinunter ihren Abgang von der Bühne unserer Liebe nahm. Ihr Kopf war noch etwas gesenkter, ihr wiegender Schritt noch etwas asymmetrischer als sonst. Kaum war sie verschwunden, sank ich in mich zusammen und verfluchte die Liebe, die Weiber, Faschingsfeste und Märchenerzähler. Mein einziger Trost war, daß ich mich durch mein konsequentes Verhalten in meiner eigenen Wertskala nach oben katapultiert hatte.

In der Folgezeit gingen wir uns, soweit das überhaupt möglich war, aus dem Weg. Wenn wir uns begegneten, kreuzten sich nur unsere Blicke und ein blasses »Grüß dich«. Und wenn ich Beate mit einem ihrer ehrenwerten Herrn traf, zu denen jetzt auch noch der Märchenerzähler gestoßen war, dann ritzte es mich messerscharf in meine nicht verheilen wollende Wunde.

In diesem Zustand mußte ich die mündlichen Prüfungen des Abiturs über mich ergehen lassen, und ich konnte nachträglich bequemerweise Beate als

Grund dafür heranziehen, daß meine Leistungen doch um einiges hinter den Erwartungen zurückblieben. Doch gefährdet war ich nicht, und so hatte ich, wenn auch mit kleinen Schönheitsfehlern, bald mein Reifezeugnis in der Tasche.

Apropos Reife: Ich erinnere mich voller Peinlichkeit an einen Abend, an dem wir ein Männerfest veranstalteten, um unseren neuen Zustand zu begießen. Dieser Zustand war in der akademischen Fachsprache mit der Bezeichnung ›Mulus‹ umschrieben, was auf lateinisch soviel bedeutet wie Maultier. Wir waren nun keine Schüler mehr, sprich Esel, aber auch noch keine Studenten, sprich Pferde, daher die aparte Mischung aus beidem – eben Maultiere. Mit Maul und Tieren hatte das auch eine Menge zu tun, was wir jungen Männer im Besitz unserer von Amts wegen bescheinigten Reife anstellten.

Wir trafen uns mal wieder in einem Gartenhaus, machten Riesensprüche, besoffen uns tierisch und torkelten dann als randalierender Haufen den Schloßberg hinunter in die Stadt, wobei wir Latten aus sämtlichen Zäunen brachen, Fahrräder umwarfen und Rückspiegel von parkenden Autos abknickten – mein Gott, waren wir stark!

Unten in der Stadt zähmten wir unsere Tätlichkeiten ein wenig und spuckten nur noch an die Schaufenster gepflegter Geschäfte, bevor wir in die besinnliche Atmosphäre platzten, in der unsere Parallelklasse mit ein paar Lehrern im Nebenzimmer eines Restaurants feierte. Dort fühlten wir uns erst so richtig wohl, denn es gelang uns mit unserer Besoffenheit mühelos, schieres Entsetzen zu verbreiten. Was für ein herrliches Gefühl: Man konnte uns nichts mehr anhaben, wir waren reif!

Ich hätte eigentlich allen Grund, mit mir und meinen Kameraden nicht allzu streng ins Gericht zu gehen, schließlich waren wir noch jung und standen unter dem positiven Schock des bestandenen Abiturs. Aber ich mag diesen Vorfall auch nicht als harmlose Jugendsünde abtun. Zu gut weiß ich, wie sehr wir Männer, unabhängig vom Alter, dazu neigen, uns in ähnlichen Situationen an sinnlosen Zerstörungsaktionen zu ergötzen.
Doch lassen Sie mich zur nächsten Aufgabe kommen, die mir ins männliche Haus stand. Ich hatte nun endgültig zu entscheiden, wie mein zukünftiges Leben aussehen sollte. Ein klarer Entschluß für einen Beruf mußte her, und wenn es auch zunächst nur ein Studium war, für das ich mich zu entscheiden hatte, so war doch damit nicht der Gedanke an eine Atempause, an ein Ausprobieren verbunden. Es gehörte zu meiner Vorstellung von der Verantwortlichkeit eines Mannes, daß er spätestens nach dem Schulabschluß einen ganz klaren Weg vor sich sieht, den er dann auch einzuhalten hat. Damit hatte ich einen der dicken Brocken vor mir, die sich die Männer bei der Verteilung der Rollen selbst in den Weg gelegt haben.
Der Wust von männlicher Verantwortung und Vernunft, von ›was Rechtes werden‹, eine Familie versorgen können, Karriere machen, vollwertiges Mitglied der Gesellschaft sein und so weiter, macht für uns die Berufswahl zu einem Vorgang, bei dem die Neigung nur insoweit berücksichtigt werden darf, als sie nicht auch nur entfernt im Widerspruch steht zu den genannten Aufgaben.
Ein Junge, der gerne Archäologe werden möchte, dessen Vater aber dummerweise eine gutgehende Speditionsfirma besitzt, wird kaum Gelegenheit ha-

ben, irgendwann nach den Trümmern längst vergangener Kulturen zu buddeln. Er wird wohl die Nachfolge seines Vaters antreten, der ihn ja schließlich zu diesem Zweck großgefüttert hat. Und da von einem Mann der konsequente Durchmarsch auf einem geraden Weg erwartet wird, ist zu befürchten, daß der verhinderte Archäologe einen lebenslangen Frust mit sich herumschleppt.

Wenn es um die Planung der Zukunft geht, hat es ein Mädchen sicher leichter; die Gründe dafür sind allerdings mehr als fragwürdig. Hinter dem ekelhaften Elternsatz: »Du brauchst keine teure Ausbildung, du heiratest ja sowieso einmal . . .«, der im Grunde eine spätere Unfreiheit vorprogrammiert, verbirgt sich zunächst ein Stück Freiheit, auf das ein Junge meist verzichten muß. Er wird durch eigenen oder elterlichen Beschluß auf ein Gleis gesetzt, auf dem er ein Leben lang weiterzurollen hat, während einem Mädchen die Aussicht bleibt auf so manche Weichenstellung.

Ob sie nun eine Lehre oder ein Studium beginnt, oder ob sie zunächst überhaupt nichts macht, sie hat sich nicht so sehr mit der Endgültigkeit einer Entscheidung herumzuschlagen wie ein junger Mann, dem sein Selbstverständnis und die Maßstäbe der Gesellschaft Konsequenz abverlangen.

Nehmen wir folgenden konstruierten Fall: Ein Mädchen arbeitet nach ihrem Schulabschluß im elterlichen Blumenladen und wartet, getreu den Vorstellungen ihrer Eltern, auf eine solide Partie. Sie lernt einen netten jungen Mann kennen, der eine Kneipe hat. Im Gegensatz zu ihren Eltern mag sie den Mann und seine Kneipe und arbeitet mit ihm in Zukunft zusammen. In dieser Kneipe lernt sie einen netten jungen Mann kennen. Er ist Psychologiestudent und überzeugt sie, daß es gut wäre, das Abitur nachzumachen und zu studieren. Im Gegensatz zu ihrem Kneipenfreund mag sie den Mann und folgt ihm und seinem Rat. Sie arbeitet tagsüber als Verkäuferin in einem Supermarkt und büffelt in der Abendschule fürs Abitur. Danach führt sie jeweils lange Gespräche mit ihrem Psychologiestudenten und arbeitet sich in sein Fach ein. Sie macht also ihr Abitur und studiert Psychologie. Da lernt sie einen netten jungen Mann kennen. Er ist Maler und versucht ihr klarzumachen, daß der gesellschaftliche Leistungsdruck von Übel sei, der einzige Weg sei der, über die eigene Kreativität zur Selbstverwirklichung zu kommen. Im Gegensatz zu ihrem Psychologiestudenten mag sie den Mann, hängt das Studium an den Nagel und entdeckt in sich die Fähigkeit, Keramik zu gestalten. Beim Verkauf derselben lernt sie einen netten älteren Herrn kennen. Er ist Zahnarzt, liebenswürdig und kunstbeflissen. Im Gegensatz zu ihrem Maler mag sie den Mann, und da es sich gerade ergibt, daß er eine Praxishelferin braucht, stellt er sie ein, außerdem heiraten sie ein bißchen, und sie schenkt ihm ein, zwei Kinder, bevor sie sich von ihm scheiden läßt und wenig später mit einem Hotelier in der Karibik zusammenlebt . . .

Während die Männer wahrscheinlich immer noch Kneipenwirt, Psychologe, Maler und Zahnarzt sind, hat ihr Leben mit Hilfe dieser Männer einen kurven- und farbenreichen Verlauf genommen, weil sie sich nie in den Fußangeln einer endgültigen Entscheidung verhakt hat.

Ich will nun die Lage der Frauen nicht beschönigen, ich weiß, daß sie sich in der Realität meist ganz anders darstellt. Mir geht es nur darum, zu unterstreichen, was für einem gewaltigen Druck ein Junge aus-

gesetzt ist, wenn er sich für einen Beruf zu entscheiden hat, denn es ist eine Entscheidung, die er im Gegensatz zu einem Mädchen nur einmal treffen kann – in seinem subjektiven Empfinden, versteht sich.
Wenn man ältere Menschen fragt, ob der Beruf, den sie ausgeübt haben, tatsächlich ihr Traumberuf war, wird man oft feststellen müssen, daß dies nicht der Fall ist. Das betrifft Männer wie Frauen. Aber die Männer leiden unter Umständen doppelt. Nicht nur, daß sie ihre Männlichkeit gezwungen hat, konsequent auf dem falschen Dampfer zu bleiben, in der Rückschau plagt sie dieselbe Männlichkeit noch einmal, weil sie es ihnen eigentlich hätte ermöglichen müssen, konsequent den falschen Dampfer zu verlassen.
Wenn also ein Junge seine Liebe zur Archäologie männlich beiseite drückt und tapfer zum Spediteur wird, dann wird er in der beschatteten Blüte seines Lebens seinen Schmerz ebenso männlich beiseite drücken und durchhalten; aber wenn er dann alt ist, wird er sich womöglich sagen, er hätte eigentlich Manns genug sein müssen, das durchzusetzen, was ihm entsprochen hätte. Eine Frau, die beispielsweise ihren Traum, Ballettänzerin zu werden, mit dem Beruf der Hausfrau und Mutter zugeschüttet hat, wird es dagegen leichter haben, sich und anderen diesen Gang der Dinge zu begründen. Sie wird für sich, andere werden für sie eher Verständnis aufbringen, da dieser Teil der Frauenrolle ganz besonders unausweichlich erscheint.
Doch zurück zu mir und meiner lebensgestaltenden Entscheidung. Ich konnte dankbar sein, daß ich seitens meiner Mutter keinem – zumindest keinem beabsichtigten Druck ausgesetzt war. Sie hatte keine bestimmte Vorstellung, in was ihre Kinder später

mal ihr Kapital der höheren Schulbildung investieren sollten. Ihr ging es gewiß in erster Linie um unser Glücklichwerden und nicht darum, eines Tages mächtig stolz auf unsere wie auch immer gearteten Karrieren zu sein.

Aber gerade weil sie so war und weil sie sich unter großen Strapazen unsere Schulbildung abgespart hatte, war ich aus Dankbarkeit überzeugt, sie habe einen berechtigten Anspruch, daß aus mir ›etwas Rechtes‹ werden müßte, damit sie für ihre Aufopferung belohnt würde. Hinzu kamen gesellschaftliche Einflüsse, das Gerede der Lehrer und die Diskussionen mit gleichermaßen Betroffenen, die mich unterdessen gründlich infiziert hatten mit unsinnigem Denken an die Zukunft. Ich machte mir jetzt schon Sorgen um Sorgen, die ich vielleicht später meiner Mutter machen könnte, wenn ich bei der Planung meines künftigen Lebens zu sorglos wäre.

Meine Neigung galt dem Theater, meine Vernunft sagte mir, daß das nicht vernünftig sei. Die Kunst war auch für mich etwas Unsolides, das war kein Boden für eine gesicherte Existenz, in so was durfte man verliebt sein, aber bitte nicht an Heirat denken. Da erwies ich mich als gelehriger Schüler des deutschen Unwesens, das mit seiner zwiespältigen Beziehung zur Kunst noch nie so ganz zurechtkam. Wenn der Herr Papa seine herausgeputzte bessere Hälfte ins Violinkonzert schleppt und von der lebenserhaltenden Kraft der schönen Künste schwärmt, dann heißt das noch lange nicht, daß er nicht seinen Sohn einen weltfremden Trottel schimpft, wenn der eines Tages die Frechheit hat zu sagen, er möchte Konzertgeiger werden. »Lern du erst mal was Richtiges!« heißt es dann oft. Künstler sind bewundernswert, beneidenswert – aber bitte nicht in der eigenen Familie!

Diesen Kummer wollte ich meiner Mutter nicht antun, und so entschloß ich mich für den Beruf, der, aus der Not geboren, als Alternative zum Theater in meinen Gedanken Platz genommen hatte: ich wollte Diplomat werden! Es war eher ein verzweifelter Scherz, wenn ich auf die Frage, was denn nun aus meiner Theaterbegeisterung würde, sagte, Diplomatie habe ja in letzter Vollendung auch was mit Theaterspielen zu tun.

Eine völlige Fehleinschätzung der Funktion eines Diplomaten, die ich wohl aus der farbigen Geschichte der Jahrhundertwende bezogen hatten die Vorstellung von Unabhängigkeit und ständigem Reisen um die Welt sowie die Tatsache, daß ich der einzige im weiten Umkreis war, der dieses ausgefallene Berufsziel anstrebte, das alles half mir den Gedanken zu ertragen, daß ich von nun an ein paar Jahre meines Lebens als Student der Rechte zu fristen hätte. Das war ein Fach, das mich zwar herzlich wenig reizte, aber über ein abgeschlossenes Jurastudium führte der schnellste Weg in alle Weißen Häuser und Kremls dieser Welt. Und wenn es mir schon nicht möglich sein sollte, als leuchtender Stern am Theaterhimmel aufzugehen, so wollte ich doch wenigstens eine auffallend rasante Karriere als Diplomat machen.

So schrieb ich mich also bei der Rechtswissenschaft ein und drückte leidend, aber entschlossen die Bänke der Universität. Heute bin ich froh über jede verschlafene Vorlesung über Bürgerliches Recht/Allgemeiner Teil, die immer so früh morgens stattfand, froh über meine Fähigkeit, friedlich einzunicken, wenn es an heißen Sommernachmittagen gleich doppelstundenweise um deutsche und sonstige Rechtsgeschichte ging, und froh darüber, daß meine Unlust in einem Maße zunahm, daß man sie mir offenbar vom Gesicht ablesen konnte, wenn man wollte. Denn eines Tages tauchte Tante Andrea auf – und die wollte.

Es war gegen Ende der ersten Semesterferien, da erkannte diese Frau den hohen Zerstörungsgrad meines Innenlebens. Sie fragte mich, bohrte mich an, bis sie meinen männlichen Panzer geknackt hatte, und dann blubberte es aus mir raus. Ich eröffnete ihr meine Trostlosigkeit, mein Gefühl, wo ganz anders hinzugehören, meine Liebe zum Theater, meine Bedenken, mich jemals mit der Juristerei anfreunden zu können, und sonstige Bestandteile meines Dilemmas.

Und ausgerechnet diese Tante Andrea, die nach meiner Einschätzung nie ihr Leben nach eigenen Vorstellungen gelebt hatte, sie sagte nicht etwa Sätze wie ›Da muß jeder mal durch‹ oder ›Wart's nur ab, du wirst dich schon gewöhnen‹ – nein, sie erklärte mir bedächtig, wie es ihre Art war, aber entschieden: »Du mußt das machen, was dir Spaß macht, sonst hast du nichts davon und die anderen auch nicht!« Was für ein herrlicher Gedanke! Mit den ›anderen‹ war ja wohl auch meine Mutter gemeint, aber nicht nur sie, die ganze Gesellschaft hätte nichts von mir, wenn ich mich der Kunst verweigerte! Wie war ich dieser Frau dankbar, und ich bin es heute noch. Sie, die fast statisch in dem um sie ablaufenden Leben existierte – so wenigstens sah ich es –, sie hatte mich in Bewegung gebracht.

Ich glättete meine in Aufruhr geratenen Gedanken zu einem Entschluß: Ich wollte zum Theater! Meine Mutter hatte nichts dagegen einzuwenden, sie hatte mich ja auch nicht zum Jurastudium gedrängt. Es war allerdings ihr gutes Recht als Mutter, zu erwäh-

nen, daß man nie etwas überstürzen solle. Überstürzen ging allerdings gar nicht. Dagegen standen meine nach wie vor ungebrochene Vernunftgläubigkeit und mein Abitur. Wer so was mal hat, der geht nicht einfach an irgendein Theater und dient sich hoch, nein, das verpflichtet zu einer akademischen Laufbahn. Und die Kombination von beidem bot das Studium der Theaterwissenschaft: erst Doktor, dann Regisseur – dachte ich damals ...
Überstürzen ging auch insofern nicht, als die Zeit bis zum nächsten Semester zu knapp war, um noch einen Studienplatz und den Umzug nach München zu organisieren. München war die nächstgelegene Universität, an der man Theaterwissenschaft studieren konnte, und somit war klar, daß ich dorthin wollte. Bloß nicht zu weit weg von der Heimat. Da war mein Nest, meine Familie, meine Freunde, meine Erfolge – auch Männer haben eben manchmal Schwierigkeiten, sich abzunabeln.
Für das nächste Semester schrieb ich mich jedoch – als Ausdruck eines deutlich vollzogenen Bruchs – in Germanistik und Philosophie ein und ging eine ganze Weile wie Jesus über die Wellen auf mich selber zu, bevor ich wieder einbrach und mich ganz normal schwimmend weiterbewegen mußte.

Mit Beate hatte ich mich längst wieder versöhnt, was nicht leicht gewesen war. Wir waren beide ganz schön stur! Sie kennen dieses Spielchen: Der eine fühlt sich im Recht – wie ich damals nach dem Faschingsfest – und straft den, der im Unrecht ist; der fühlt sich zu hart bestraft und meint, der Strafende sei dadurch im Unrecht; der kommt sich selber auch langsam schuldig vor, versucht sich anzunähern, wird aber aus Rache nun seinerseits bestraft für seine harte Strafe, dadurch fühlt er sich wieder im Recht – und so weiter, das kann lange dauern. Aber irgendwann waren wir wieder vereint und marschierten weiter gemeinsam über lichte Höhen und durch düstere Täler unserer Liebe.

Eigentlich waren wir alt genug und auch lang genug ein Paar, um allmählich das Abenteuer unserer gegenseitigen Entjungferung ins Auge zu fassen, doch da war Gott vor – und meine Prinzipien. Beate war streng katholisch erzogen, und so sehr sie sich in vielem über bürgerliche Normen hinwegsetzte, so sehr waren ihr manche Werte heilig, zum Beispiel ihre Unschuld. Ich andererseits, der ich selbstverständlich eine spätere Ehe in Betracht zog, wollte meine Zukünftige nicht durch Unmoralisches entehren. Das ging so weit, daß ich niemals auch nur an den Versuch dachte, ihr unter die Bluse oder gar unter die Gürtellinie zu fassen. Trotzdem waren wir nicht ganz keusch. Wir entwickelten bei unseren ausgedehnten Schmusereien eine Methode, durch die zumindest ich auf meine sexuellen Kosten kam. Wenn ich auf der Tischkante in meinem Zimmer saß und Beate fest an mich drückte, wenn wir uns küßten und unsere Körper aneinander rieben, führte das bei mir in der Regel zu einem von Wonne begleiteten feuchten Klecks in der Hose.

So waren wir's zufrieden, beließen es bei dieser Art von Zärtlichkeit, die uns keine Schuldgefühle abverlangte, und hoben uns in guter alter Tradition das Eigentliche auf für eine ferne Hochzeitsnacht.

Doch eines Tages jagte ein Querschläger durch dieses Idyll. Es war im Herbst, wir hatten uns gerade mal wieder ein bißchen getrennt, aber sonst ging es mir blendend. Ich hatte in den Semesterferien meinen ersten längerfristigen Job als Musiker und

spielte allabendlich in einem Etablissement, das sich ›Tanzcafé Delphi‹ nannte, mit einer Tanzkapelle Schnulzen, Walzer und Foxtrotts. Die Arbeit war nicht besonders gut bezahlt, aber in diesem Fall lag die Würze ausnahmsweise einmal in der Länge. Ich konnte jedenfalls so viel Geld verdienen, daß ich es mir leistete, den Führerschein zu machen, ja es langte sogar zu einem kleinen gebrauchten Auto. Das waren entscheidende Schritte in Richtung Vollwertigkeit eines Mannes.
Eines abends tauchte Beate im ›Tanzcafé Delphi‹ auf. Das löste bei mir heftige Freude aus, denn dieses Erscheinen mußte doch wohl die nächste Versöhnung einleiten. Sie kam, während ich gerade spielte, mit zwei, drei anderen Leuten, ging durchs Lokal an mir vorbei, grüßte mich mit einem verhaltenen Nikken und bewegte sich auf einen fernen Tisch zu. Und da war er wieder, dieser ganz besonders gesenkte Kopf, der in Verbindung mit dem ganz besonders asymmetrisch wiegenden Schritt tiefste Melancholie verkündete. War das nun wieder inszeniert, um meinen Triumph über ihre aufgeweichte Front zu schmälern, oder gab es tiefere Gründe?
In der einzigen, etwas längeren Pause, die uns Musikern pro Abend zur Verfügung stand, in der ich sonst mit den Kollegen die im Vertrag garantierten Wiener Würstchen zu mir nahm, ging ich zu Beate, gab mir Mühe, meiner Freude nicht allzu deutlich Ausdruck zu verleihen, und begrüßte sie. Sie schaute mich traurig an und meinte, sie müsse mir unbedingt etwas sagen, und zwar gleich – ob ich sie nicht eben mal kurz nach Hause bringen könnte.
Dieses Ansinnen war zwar etwas eigenwillig, schließlich war ich mitten in der Arbeit, andererseits war es so unsinnig nicht, denn Beate wohnte bloß eine Stra-

ßenecke weiter, und um sie dahin zu begleiten, genügten mir meine zehn Minuten Pause. Ich verzichtete also auf meine Wiener Würstchen und machte mich mit Beate auf den kurzen Weg. Wir legten ihn wortlos zurück. Da sie es war, die mir etwas sagen wollte, hatte ich allen Grund, abwartend zu schweigen. Sie wiederum, als dramatische Person, wußte ganz genau, wann sie in dieser knappen Zeit das zu plazieren hatte, was mich wie ein Dampfhammer treffen mußte. Und so öffnete sie, als wir bei ihr angelangt waren, erst einmal das Gartentor, trat hindurch und schloß es wieder, bevor sie ihre schwermütige Stimme erhob und über den Zaun sprach: »Ich hab' mit dem Werner geschlafen!« dann senkte sie den Kopf, drehte sich um und wankte auf die Haustür zu.

Wahnsinn! Meine geliebte, von mir so sauber gehaltene Beate war entehrt worden! Das, was ich mir als Höhepunkt unserer reinen Liebe für einen ganz besonderen Anlaß aufgespart hatte, war nun von einem anderen vollbracht worden. Ich stand völlig entwurzelt am Gartentor. Beate hinterherzurennen, sie zu rütteln, sie zu weiteren Worten zu bewegen, einfach sie nicht gleich zu verlieren, das wäre mein dringendstes Bedürfnis gewesen. Aber das ging nicht, und das war das Perfide an diesem Geständnis, denn ich mußte zurück zu meinem Job. Ich zwang mich zu gehen, trottete ein paar Schritte, erschlagen von dieser ungeheuerlichen Wahrheit, dann rannte ich plötzlich los, brüllend, heulend, schluchzend, und machte meinem unsagbaren Leid etwas Luft. Kurz darauf stand ich wieder im Tanzcafé an meinem Instrument und spielte mit gebrochenem Herzen Schnulzen, Walzer und Foxtrotts ...

In der Nacht zermarterte ich mich in schmerzlichen

Grübeleien. Ausgerechnet diesen Werner, diesen ungekündigten Verflossenen, diesen kaum noch beachteten Nebenbuhler mußte sie dranlassen – wenn es doch wenigstens Goldmännchen gewesen wäre! Aber es gab noch gewichtigere Gründe für meinen Schmerz, als daß es ausgerechnet dieser Werner war. Die Entjungferung, die erste Liebesnacht galt mir als etwas Weihevolles, etwas von höchstem Wert, das nur in Verbindung mit der absoluten Liebe denkbar war. Wie konnte sich Beate da einfach so vergessen? Oder liebte sie vielleicht diesen Werner doch?

Der Schaden, den er ihr zugefügt hatte, war irreparabel, das machte die Sache um so verzweiflungsvoller. Es gibt eben nur ein erstes Mal. Bilder von zertretenem Schnee, gekautem Kaugummi, von Sprüngen in chinesischen Vasen und von verglühten Lampen kreuzten durch mein Gehirn, von Dingen, die nach einem bestimmten Vorgang zwar noch aus demselben Material bestehen, deren Urzustand aber nie wiederherzustellen ist.

Hinzu kam diese Vorstellung, die uns Männer allgemein so plagen kann, wenn uns eine Frau betrogen hat, nämlich daß sie beschmutzt aus der Angelegenheit herauskommt. Unsere eigenen Fremdgänge haben wir uns als etwas Harmloses zurechtgebogen, indem wir davon ausgehen, daß der Mann ja nur etwas los wird, nämlich seinen Samen, und deshalb eher entlastet heim zum Weib findet, während die untreue Frau etwas empfängt und diesen Fremdsamen tief in sich zum Betrogenen nach Hause trägt. I gitt, i gitt!

Und noch etwas anderes haben wir erfunden, das der Untreue einer Frau ein ungleich schwereres Gewicht gibt: die Behauptung, daß Frauen sich beim Geschlechtsverkehr seelisch viel mehr engagieren,

als Männer das tun. Dadurch wird die weibliche Tat im Gegensatz zum männlichen Kavaliersdelikt zu einem Kapitalverbrechen, bei dem die Seele sozusagen für die kriminelle Energie steht.
All das quälte mich in Zusammenarbeit mit meinem verletzten Stolz und meinem Selbstmitleid. Aber das schlimmste war, daß ich beim Grübeln über einen möglichen Grund für Beates Sünde auf den Gedanken kam, daß ich vielleicht selbst der Schuldige war. Schließlich waren wir zur Tatzeit gerade getrennt. Und bestimmt war ich es gewesen, der diese Trennung eingeleitet hatte, um Beate mal wieder für eine ihrer kleinen Unmöglichkeiten zu strafen. Hatte ich sie damit nicht direkt in die Arme dieses Wüstlings getrieben? Der Gedanke war schrecklich, hatte aber den Vorteil, daß ich, wenn ich die Verantwortung übernahm, Beate nicht aus meinem Leben verbannen mußte, und das war mir schon sehr recht, denn ich hatte sie doch ganz gewaltig lieb.
Ich nahm also Beate wieder an, und ich erinnere mich nicht an längerwährende Schmerzzustände, an heftige Nachwehen oder eine aus dieser Geschichte entstandene andauernde Belastung unserer Beziehung. Nach diesem kurzen, aber heftigen Eintauchen, bei dem ich eine Menge Wasser geschluckt hatte, ging ich wieder über die Wellen auf meinen nächsten Lebensabschnitt zu, der in München beginnen sollte. Beate hatte sich entschlossen, ebenfalls nach München zu gehen. Sie verzichtete edelmütig auf das Abitur und wandte sich auf direkterem Weg als ich der Kunst zu, indem sie sich in einer privaten Schule für Malerei einschrieb. Der Fortbestand unserer Beziehung war also gesichert. Gemeinsam verließen wir die Jugendzeit, gemeinsam verließen wir Tübingen.

Wir waren genau eine Woche im neuen Leben, da war es soweit: Wir wollten miteinander schlafen! Aber wie das leider so oft der Fall ist bei dieser wunderbaren Erfahrung, die so schwerelos wie nur möglich erlebt werden sollte, auch bei uns war der Zwang der Geheimhaltung, der Ruch des Verbotenen dabei. Beate hatte ein Doppelzimmer in einem Mädchenwohnheim, da ging rein gar nichts. Ich selbst hatte durch die großen Schwierigkeiten bei der Zimmersuche meine Ansprüche an Freiheit und Lebensqualität zurückschrauben müssen und war in eine sehr eigenartige Bude geraten. Sie befand sich in einem Vorort von München in einer spießigen Reihenhausparzelle, deren Zimmer vom Besitzer an lauter Einzelpersonen vermietet waren. Der Vermieter wohnte zwar glücklicherweise nicht da, aber die Angst vor Vandalismus in seinem Haus muß so stark gewesen sein, daß er eine Hausordnung entwickelt hatte, die jeder Beschreibung spottete. Vom absoluten Pfeifverbot im Treppenhaus bis zum nassen Regenschirm, der in die Badewanne zu stellen sei, war alles geregelt. Es war verboten, mit den anderen Hausbewohnern mehr Worte zu wechseln als »Grüß Gott«, es war verboten, Musik zu hören, es war verboten, mit Straßenschuhen ins Treppenhaus zu treten, und so weiter. Immerhin war es gestattet, im Zimmer zu rauchen, wenn auch natürlich nicht übermäßig, und es war sogar erlaubt, einmal in der Woche zwischen sechzehn und siebzehn Uhr Herrenbesuch zu empfangen. Von Damenbesuch keine Rede – und schon gar nicht nachts.

Paradiesische Zustände also für ein junges Liebespaar, das sich zum ersten Mal so richtig nahekommen möchte. Und trotzdem stand am Samstag meiner ersten Woche in München der Entschluß fest:

Ich wollte es wagen! Das Wort ›wagen‹ paßt eigentlich gar nicht, denn seltsam: es war eine ganz ruhige Entschlossenheit in mir, daß es jetzt gut war, diesen Schritt zu tun. Ich weiß heute noch nicht, was mich zu dieser inneren Ruhe gebracht hat. Nachdem wir abends irgendwo in einer Kneipe gegessen hatten, sagte ich einfach: »Ich möchte gerne, daß du mit zu mir kommst.« Beate wußte, was das hieß, und sie kam mit.

Glauben Sie mir, ich erinnere mich an keine Nervosität. Ich habe mich nur gefreut. Nicht einmal die Hausordnung beunruhigte mich. Wir fuhren zu mir und sprachen nichts. Wenn ich nicht gerade schalten mußte, lag meine Hand auf Beates Knie, als wollte ich etwas von meiner Ruhe in sie hinüberströmen lassen, denn sie fand das alles sicher nicht so selbstverständlich wie ich. Wir gingen ohne Straßenschuhe ins Treppenhaus, einen nassen Regenschirm hatten wir nicht, auch nicht einen Anlaß, im Flur zu pfeifen oder sonstwie gegen die Hausordnung zu verstoßen. Wir gingen auf leisen Sohlen in mein häßliches Zimmer und waren im Himmel.

Wenn ich heute zurückdenke an das, was in dieser Nacht mit uns geschah, dann kommt es mir so vor, als hätte mich damals ein sanfter guter Geist geführt. Länger als ein ganzes Jahr hatte ich auf diesen Augenblick gewartet, hatte ihn so oft herbeigesehnt und ihn genausooft aus meiner Sehnsucht gestrichen. Bei soviel angestautem Verlangen hätte es eigentlich zu einer Explosion kommen müssen. Aber es war ganz anders. Für einen Moment meines Lebens fühlte ich mich im besten Sinne des Wortes erwachsen. Es ging nicht mehr um das Erreichen einer nächsten Stufe, um das Bestehen einer Etappe – es ging um die schönste und natürlichste Sache der Welt!

Gewiß war ich erregt, doch in erster Linie fühlte ich eine große Andächtigkeit, als ich Beate auskleidete und sie nackter werden sah, als sie vor meinen Augen auf dem Bett lag, während ich mir selbst zu einer völlig neuen Nacktheit verhalf. Diese Andächtigkeit verließ mich auch nicht, als ich mich zu ihr legte und die ergreifende Nähe und Wärme ihres Leibes spürte, als wir uns streichelten und küßten, und auch nicht, als ich, nach langem Versunkensein in diesem wunderschönen Gefühl der durch nichts gehinderten Zärtlichkeit, behutsam versuchte in sie einzudringen. Die Andächtigkeit ging mir nicht einmal verloren, als ich fühlte, daß sich mir der Weg zur allergrößten Nähe verschloß.

Bei der Beschreibung großer Augenblicke wirkt die Sprache, auf die man angewiesen ist, oft sehr klein: Beates Scheide war so trocken geblieben, daß ich ahnte, ich würde ihr weh tun, wenn ich in sie eindrang. Ich sah in ihre Augen und entdeckte, daß es ihr offenbar nur halb so wohl erging wie mir. Ich glaubte das verstehen zu können. Es war eben unser erstes Mal. Da war diese eigenartige Umgebung, und da war vielleicht auch ihre katholische Erziehung, ich glaube, es fiel mir nicht allzu schwer, mich zurückzuhalten. Ich wollte eine glückliche Beate, keine leidende. So freuten wir uns weiter andächtig unserer sanften Zärtlichkeit, und auch Beate wurde zusehends gelöster, als sie merkte, daß ich sie nicht drängen wollte.

Es geschah also nicht das, was normalerweise erst zu dieser Bezeichnung berechtigt, und trotzdem war es für mich immer meine erste Liebesnacht. Das ›Eigentliche‹ ergab sich dann ein paar Tage später. Ich hatte einen Jazzjob am Bodensee, zu dem mich Beate begleitete. Wir Musiker waren über Nacht in einem großen Raum mit mehreren Bettlagern untergebracht. Das waren zwar auch nicht die günstigsten Voraussetzungen, da alles unter der Bettdecke und möglichst leise stattfinden mußte, aber wir schliefen miteinander. Es war entspannt und schön. Unser erstes Mal war unser zweites Mal, und das war sicher gut so.

Ich kann bis heute nicht erklären, warum sich meine Männlichkeit in jener ersten Nacht mit Beate nicht zu Wort meldete, ich bin nur dankbar, daß sie uns in Frieden ließ und nichts Schlimmes anrichtete. Denn sie bedeutet Gefahr in diesen wichtigen Augenblikken, in denen Mädchen, erziehungsbedingt, weniger sexuelle Begierde entwickeln als junge Männer. Dadurch entsteht ein Gefälle, nicht nur was den Wunsch nach körperlicher Vereinigung betrifft, sondern auch bezüglich der Angst. Denn während beim Mann die anfängliche Angst von der Begierde beiseite geschoben wird, geschieht dies bei der Frau nicht, und die Kluft zwischen beiden wird immer größer, da der Mann in seinem Trieb immer drängender wird und damit die Angst der Frau steigert.

Dieses Problem ist gewiß nicht nur auf erste sexuelle Erlebnisse beschränkt, aber dort erfährt es noch eine Verstärkung, weil der Mann in einem außerordentlichen Maße gewillt, fast gezwungen ist, den Geschlechtsverkehr zu vollziehen, denn es ist die Gelegenheit überhaupt, sich und seiner Partnerin den absoluten Beweis für seine nun vollendete Männlichkeit zu liefern. Daß sich ein Junge dann, in dieser vorher nie erfahrenen Intensität des Triebs, in der grenzenlosen Nähe zum lang ersehnten Ziel, womöglich benimmt wie die Axt im Walde, ist nur zu verständlich. Der Vorgang ist schon vorher zu einem so bedeutenden Wendepunkt in seiner männlichen Entwicklung hochstilisiert worden, daß er fast zwangsläufig daran scheitern muß. Und was für traurige Folgen ein falsches Verhalten bei dem beteiligten Mädchen auslösen kann, das wissen wir. Vielleicht werden Sie das aus eigener Erfahrung bestätigen müssen, sicher aber werden Sie von anderen Frauen erfahren haben, wie leicht es durch ein fehlgelaufenes Ersterlebnis zum Trauma kommen kann und wie lange das sich häufig auf die Einstellung zur eigenen und allgemeinen Sexualität auswirkt.

Ich meine trotzdem, daß man uns Männern daraus keinen Vorwurf machen darf. Woher sollen wir denn wissen, was da mit uns und der betroffenen Frau vorgeht? Es gibt auch in diesem Zusammenhang keine Schuld, es gibt nur Gründe, und die sollten wir gemeinsam zu beseitigen versuchen, indem wir uns einander öffnen.

Fast scheint es mir gar nicht mehr so lächerlich, was man aus einem Dutzend von Filmklamotten kennt, daß der Vater mit dem Sohne in ein Bordell geht, um ihn dort in der Kunst des Liebens unterweisen zu lassen. Da kann der Sohn wenigstens kein Trauma auslösen. Wäre es nicht ein hübscher Gedanke, an Schulen ein Pflichtfach einzuführen ›Wie lerne ich den unbeschwerten Verkehr mit dem anderen Geschlecht‹? Die Jungen würden in die Obhut liebevoller, reifer Frauen gegeben, die Mädchen von liebevollen, reifen Männern betreut. Unbeschwert von irgendwelchem Leistungsdruck könnten sie bei wechselndem Lehrkörper nicht nur rechtzeitig erfahren, daß der Geschlechtsverkehr nicht immer so sein muß, wie er mit dem ersten Partner war, sondern

auch daß Liebe keine zwingende Voraussetzung ist für die Freude an der Sexualität.
So schön das Gefühl des Erwachsenseins gewesen war, als ich Beate zum ersten Mal nackt in meinen Armen hielt, so wenig konnte es meinem eigentlichen Zustand entsprechen, sonst hätte sich wohl mein Verhältnis zu Beate etwas harmonischer entwickelt, oder ich hätte schon früher eine friedliche Trennung vollziehen können. So aber schleppte sich unsere Beziehung unter teilweise dramatischen Umständen bis in jene Grauzone, wo die Liebe nicht mehr existiert und wo man nur zusammenbleibt aus Furcht vor dieser Wahrheit. Als sich Beate schließlich von mir trennte, weil sie einen anderen Mann kennen- und lieben gelernt hatte, war ich dankbar, und ich weiß bis heute nicht, ob eine solche Reaktion nun gut oder traurig ist.

Es wurde höchste Zeit, daß ich in München gesellschaftlich auf die Beine kam. Während der ersten acht bis zehn Monate hatte ich damit große Schwierigkeiten. Zu Hause in Tübingen hatte ich mir in den letzten Jahren durch meine Aktivitäten im Theater- und Jazzgeschehen einen gewissen Bekanntheitsgrad erarbeitet, den ich zu brauchen glaubte wie die Luft zum Atmen. Hier in München war ich ein Niemand. Im Kreise der Theaterwissenschaftsstudenten gab es einige Kollegen, die mir nach meiner Einschätzung an Fähigkeit und Erfahrung einiges voraushatten. Hinzu kam, daß ich trotz beherzter Versuche nicht gleich Anschluß an Münchner Jazzkreise fand. Wenn ich irgendwo als Gast eine Runde in einer Band mitspielte, dann erntete ich zwar Anerkennung, aber leider wurde nirgends ein Klarinettist gebraucht.

Ich war es nicht gewohnt zu kämpfen, und so resignierte ich.
Zum Ausgleich für den schwierigen Einstieg in die neue Welt flüchtete ich mich, sooft es nur ging, zurück in die alte. Ich gestaltete meinen Studienplan so, daß ich meist schon am Donnerstagnachmittag ins Wochenende startete und erst am Montag wieder zurückkehrte. An diesen Tagen tankte ich mich in der Heimat an meiner dortigen Popularität auf. Der Kampf um eine auch nur in etwa vergleichbare gesellschaftliche Position in München schien mir nachgerade aussichtslos, das Überangebot an Genies jagte mir Furcht und Schrecken ein. Was war da logischer als die Flucht ins warme Nest der gewohnten Umgebung?
Je mehr es mir gelang, mich an den Gedanken zu gewöhnen, daß ich mich doch wohl überschätzt hatte, desto besser ging es mir. Und je mehr ich mich mit meiner neuen Situation anfreundete, desto besser klappten auch die zwischenmenschlichen Kontakte. Das kalte Wasser erwärmte sich deutlich, als im zweiten Semester von den Studenten unserer Fakultät eine Theateraufführung in Angriff genommen wurde. Ich hatte dabei, gemessen an früheren Ansprüchen, nur eine winzige Rolle zu spielen, aber ich war schon soweit, daß ich meinen Stolz besiegen konnte und mich der olympischen Idee öffnete: Dabeisein war alles.
Während der Proben kam man sich schon viel näher. Ich geriet jetzt endlich nach und nach in den Kreis der Kollegen, die schon länger beisammen waren, und wenn es mir auch nicht gegeben war, meine theatralische Begabung unter Beweis zu stellen, so gelang es mir doch, mich als Mensch bemerkbar zu machen. Und dazu trugen nicht zuletzt die Frauen

bei, denn bei diesem ansonsten eher unbedeutenden Theaterprojekt ging es so zu, wie sich das manch einer von einer Hollywood-Produktion vorstellen mag. Der Darsteller X liebte die Darstellerin Y, auf die wiederum war auch der Darsteller Z scharf, und nicht nur der. Der Regisseur liebte die Souffleuse, die aber hatte bereits der Bühnenbildner im Visier, und so weiter.

Am schlimmsten traf es ein Mädchen namens Holle. Ich glaube, sie betätigte sich als Regieassistentin, und sie war ausnehmend hübsch. Auf sie meldete wohl ein halbes Dutzend der an dieser personalintensiven Produktion beteiligten Männer Anspruch an. Es herrschte eben mal wieder eine hoffnungslose zahlenmäßige Unausgewogenheit zwischen den Geschlechtern, und das mußte bei einem solchen Projekt, das sich über ein paar Wochen hinzog, zum Chaos führen.

Bei diesem Liebes-Wirrwarr hielten sich die Frauen wie so oft zurück, vielleicht gelähmt vom Überdruck der auf sie einströmenden Bewerbungen, vielleicht auch einfach, weil sie sich nicht festlegen wollten. Ihre Bedrängnis war jedenfalls meine Chance. Ich entdeckte die Möglichkeit, zum Ausgleich für meine unbedeutende Rolle im Theaterstück die bedeutende Rolle des Ritters von der sauberen Sorte zu spielen.

Ich muß Ihnen dazu sagen, daß sich meine Beziehung zu Frauen, trotz der sexuellen Freuden mit Beate, nicht entscheidend gelockert hatte. Bei ihr war das etwas Besonderes gewesen, etwas, das im Gewächshaus einer sorgsam aufgebauten Vertrautheit blühte. Ich hatte nicht nur einfach Witterung aufgenommen und verfolgte nun gierig eine Fährte. Durch meine vereinzelt gebliebene Erfahrung war die Vertrautheit zur Voraussetzung geworden, ohne die ich nach wie vor eine Scheu vor körperlichem Kontakt mit Frauen hatte.

Und wieder war es mir gelungen, darin war ich ja geübt, mir eine Moral zurechtzulegen. Sie erlaubte es mir, ein verständnisvoller, vertrauenswürdiger Freund zu sein. Während ich mich in meiner früheren Verunsicherung nicht um meine Angst vor Frauen herumdrücken konnte und deshalb eine besonders rabiate Moral entwickelte, konnte ich mich nun selber überlisten, indem ich mir vormachte, jederzeit mit einer Frau schlafen zu können, wenn sie nur meinen Ansprüchen genügte. Dadurch, daß ich vermeintlich schon über große sexuelle Erfahrung verfügte, war es leichter, meine Angst in ein Nicht-wollen umzufunktionieren. Das gelang mir so gut, daß ich mich in meiner Abstinenz richtig wohl fühlte. Sie brachte mir ja schließlich auch gewisse Vorteile ein.

Zum Beispiel hatte ich bald durch meine solide Ausstrahlung das Vertrauen jener Holle gewonnen, die so besonders heftig umworben war. Eines Tages lud sie mich zu sich auf ihre Studentenbude ein, kochte mir ein indisches Reisgericht und schüttete mir ihr Herz aus über den Kummer, den ihr die männlichen Kollegen in der Theatergruppe machten. Es war schön zu merken, daß sie sich in meiner Gesellschaft sicher fühlte, und sie sprach auch davon, wie lästig es sei, wenn die Männer in solchen Situationen der Zweisamkeit immer irgendwann anfingen, sich anzunähern, indem sie angelegentlich eine Hand auf ihren Schenkel gleiten ließen. Das hatte ich beileibe nicht vor. Ich genoß ihre Angstlosigkeit und mein Einverständnis mit mir selbst. Ich empfand tatsächlich keine erotische Spannung, ich mußte mit meiner

Zurückhaltung nicht lügen, so sehr war ich bereits in meiner Rolle aufgegangen.

Es war nicht das erste Mal, daß ich mit einem Mädchen allein in einem Zimmer war, aber es war das erste Mal, daß aus einer solchen Situation keine Nervosität durch die Sehnsucht nach Annäherung entstand. Ich war gewiß auch sonst immer dezent und anständig geblieben, aber mein Verhalten hatte sich nicht mit meinen Wünschen gedeckt.

Es ist nun mal so – da hat sich bis heute nichts Entscheidendes geändert –, daß es einer Ouvertüre gleichkommt, wenn eine Frau sich bereit erklärt, mit einem Mann in dessen vier Wände zu gehen, oder wenn sie ihn zu sich einlädt. Und es ist kein Wunder, wenn wir Männer das so verstehen. Es ist eben leider nicht selbstverständlich genug, daß eine solche Zweisamkeit zustande kommt. Wenn es dann also soweit ist, reichen unsere inneren Reaktionen von schüchtern aufflammender Hoffnung bis zur frechen Gewißheit, endlich den Braten in der Röhre zu haben. Die äußeren Reaktionen bewegen sich dann entsprechend zwischen sehnenden Blicken und dem alsbaldigen Versuch, der Frau auf den Leib zu rükken. Wenn eine Frau nicht von vornherein eine körperliche Annäherung zumindest billigend in Kauf genommen hat, wird sie diese Reaktionen sicherlich als Beeinträchtigung empfinden, wenn nicht gar als Belästigung. Sie wird sich wahrscheinlich nicht wieder so schnell in eine ähnliche Lage bringen, dadurch wird, rein statistisch, die Zahl der Gelegenheiten verringert, die wir Männer haben, uns an so was zu gewöhnen, wir benehmen uns weiterhin wie gehabt – es ist ein verhängnisvoller Kreislauf, den wir selbst zu verantworten haben.

Ich bin sicher, daß ich selbst schon so mancher Frau

zur Last gefallen bin, wenn ich sie, wie behutsam oder humorig auch immer, zu größerer bis totaler Nähe gedrängt habe. Natürlich kann es umgekehrt auch einem Mann passieren, daß er auf ein Zimmer gelockt und gegen seinen Willen bedrängt wird. Ich habe wenige solche Fälle selbst erlebt. Aber ich kann so etwas als Bereicherung meiner Erfahrungssammlung sehen, während einer Frau das wohl kaum gelingen dürfte.

Ich freue mich heute, genauso wie damals bei Holle, über Angstlosigkeit bei Frauen, nur bin ich heute nicht mehr darauf angewiesen, diesen Zustand zu erhalten, indem ich keine erotische Spannung empfinde. Entscheidend ist, daß man eine solche Spannung als eine ganz natürliche und erfreuliche Begleiterscheinung der Kommunikation erlebt, und nicht als einen zwingenden Impuls zur Tat.

Es ist noch nicht allzu lange der Fall, daß es mir gelingt, nicht einem männlichen Aktivitätswahn zu erliegen, wenn ich mit einer Frau nachts in ihrer oder meiner Wohnung zusammen bin und es ihr in erster Linie darum geht, mit mir zu plaudern. Viel zu sehr war ich früher dem gern gehabten Verdacht ausgeliefert, daß dieses Nur-plaudern-wollen die Fassade einer Wohlanständigkeit aufrechterhalten sollte, hinter der sich der kaum beherrschte Wunsch verbarg, von mir endlich verführt zu werden.

In solchen Momenten taucht es so gerne wieder auf, das Gespenst der Initiative. Man glaubt es als Mann einfach nicht erhoffen zu können, daß es eine Frau von sich aus fertigbringt, den Wunsch nach Zärtlichkeit zu äußern. Da man diesen Wunsch aber aus Hoffnung oder aus Selbstüberschätzung für vorhanden hält, meint man, man müsse durch entsprechendes Verhalten als Geburtshelfer tätig werden, und

schon tappt man vielleicht mitten hinein in den Napf, aus dem dann die Beeinträchtigung oder gar die Belästigung schwappt.
Aber wer weiß das schon so genau? Das schlimme ist ja, daß es tatsächlich so sein kann, wie man es vermutet. Was soll ein Mann nun machen? Soll er einer Frau nicht vielleicht doch zumindest helfen, aus ihrem Rollendilemma herauszukommen? Entlarvt er sich nicht andererseits bei dieser Hilfe schon wieder als der Mann, der nur ›das Eine‹ im Sinn hat? Oder soll er durch absolute Untätigkeit riskieren, daß sie auseinandergehen, ohne daß es zu einer Annäherung gekommen ist, die sich beide ganz stark herbeigesehnt haben?
Eine Menge Fragen, mit denen ich oft konfrontiert war, die mir viel Unsicherheit einjagten und zu mancher Ungeschicklichkeit führten. Ich habe darunter so lange gelitten, bis ich endlich zu der Erkenntnis kam, daß mich außer meiner angenommenen Rolle nichts und niemand zwingt, in einer solchen Situation Initiative zu entwickeln. Warum mußte ein Erfolgserlebnis immer so aussehen, daß ich die Frau oder ihre Hemmungen besiegte? Es konnte doch auch ein Erfolg sein, meine Männlichkeit und daraus entstandene Denk- und Verhaltensmuster zu besiegen.
Um diese Einstellung auch in der Praxis verwirklichen zu können, bedurfte es eines Trainings. Dieses Wort klingt vielleicht etwas zynisch, aber es trifft im Grunde den Vorgang genau. Ich kam nur meinen Bedürfnissen nach, wenn ich, sooft es mir gut schien, eine Frau zu mir einlud oder sie besuchte, anstatt mich mit ihr irgendwo auf neutralem Gelände zu verabreden oder nachts, wenn die eine Kneipe zumachte, automatisch in die nächste noch geöffnete

zu gehen, ohne zumindest vorher zu fragen, ob es nicht sinnvoller wäre, im privaten Rahmen weiter miteinander zu reden. Es gehörte dann allerdings auch dazu, nicht auf diesem Vorschlag zu beharren, sondern, wenn einer Frau die nächste Kneipe lieber war, entweder mit ihr dorthin zu gehen oder eben nicht und friedlich meiner Wege zu ziehen.

Je mehr sich meine Erwartung in ein privates Zusammensein neutralisierte, desto häufiger kam ich psycho-logischerweise in den Genuß des Vertrauens sogar von Frauen, die eigentlich allen Grund hatten, als gebrannte Kinder durch den Rest ihres Lebens zu gehen. Sobald ich es hatte, war mir dieses Vertrauen wichtiger als mein vielleicht vorhandener Wunsch nach Zärtlichkeit. Mag sein, daß ich mich auch dabei selbst überlistete. Aber vielleicht war das nötig, bevor es mir gelang, keinen Widerspruch mehr zu sehen zwischen Vertrauenserhaltung und erotischer Spannung. Ich sprach ja von Training, und ein solches hat zum Ziel, einen besseren Zustand zu erreichen.

Wenn ich heute mit einer Frau in einer knautschigen Wohnzimmerecke zusammensitze, macht es mir keine Schwierigkeiten mehr, mich zu meinem Wunsch nach Zärtlichkeit zu bekennen. Aber das verpflichtet mich keineswegs, nicht mir selbst und auch nicht der Frau gegenüber, zu irgendwelcher Initiative. Und selbst wenn ich mit dieser Einstellung tatsächlich einmal bei einer Frau Konflikte auslösen sollte, weil sie selbst gerne Zärtlichkeit hätte, es jedoch nicht gewohnt ist, einen solchen Wunsch zu äußern oder zumindest deutlich zu machen, so wäre es mir doch lieber, Ratlosigkeit hervorzurufen als Angst. Sobald sie jedoch in der Lage ist, ein Zeichen zu geben, werde ich mich nicht mit einem triumpha-

len Lächeln zurücklehnen, die Arme verschränken und genüßlich beobachten, wie sie es nun anstellt, an mich heranzukommen. Das hieße nur, die eine Rolle mit der anderen zu vertauschen.
Ich habe keine Lust, meine endlich gewonnene relative Freiheit zu kleinlichen Racheakten zu mißbrauchen. Ich fände es einfach schön, natürlich und gerecht, wenn die Gesten, Andeutungen und - im besten Fall - klaren Worte nicht nur von uns Männern erwartet würden, sondern wenn es zu einer Aufgabenteilung käme. Das hätte für uns alle, Männer wie Frauen, den Vorteil, daß wir uns nicht mehr auf den männlichen Instinkt verlassen müßten, der über die Treffsicherheit einer Kanone verfügt, die sich im Kreise dreht.
Ich habe viel zu lange den Unsinn mitgemacht, den wir Männer uns selber zugedacht haben, dieses immer gleiche Spiel, den Widerstand einer Frau mit einer möglichst verfeinerten Kunst des Verführens und Überredens zu brechen. Nicht nur, daß man sich dadurch zum ewig drängelnden Popanz macht, der sogar bei einer eher zugeneigten Frau eine unwillkürliche Abwehrhaltung hervorrufen kann, es ist auch um so vieles schöner, wenn man sich auf einer weichen Matte liebt, die aus gleichverteiltem Wollen, aus gleichverteilter Initiative und aus deutlichem beiderseitigen Einverständnis besteht.
Hinzu kommt, daß verführte oder überredete Frauen manchmal dazu neigen, aus dem über eine Liebesnacht hinweggeretteten Bewußtsein, eigentlich ja gar nicht gewollt zu haben, die traurige Gewißheit abzuleiten, ausgenützt worden zu sein. Ja, sie entwickeln unter Umständen eigenartige Ansprüche auf eine wie auch immer geartete Wiedergutmachung, sei es dadurch, daß man als Mann nun gefäl-

ligst für weitere Liebesdienste zur Verfügung zu stehen hat – nach dem ›Wenn-schon-denn-schon‹-Prinzip –, sei es, daß man als Bösewicht und finsterer Lustmolch betrachtet wird, wenn man nicht spätestens am übernächsten Tag der geschändeten Dame ein Bouquet roter Rosen ins Haus schickt.
Diese negativen Empfindungen sollten wir Männer den Frauen möglichst ersparen, aber auch diese sich selbst. Ich persönlich habe keine Lust mehr, mit einer Frau zu schlafen, wenn sie nicht so deutlich einverstanden ist, daß sie das Einverständnis am nächsten Tag, auch sich selbst gegenüber, nicht verleugnen kann. Und ich halte das für einen wichtigen Teil der Gleichberechtigung.

Neben den sich gut entwickelnden Kontakten mit meinen Studienkollegen hatte ich auch mein zweites Bein auf gesellschaftlichen Boden setzen können. Es war mir nach einem neuerlichen Anlauf gelungen, in einer Dixielandband unterzukommen. Das bedeutete einen zusätzlichen, sich ausdehnenden Bekanntenkreis und die Möglichkeit, wieder in vorderster Front um die Gunst der Mädchen zu jazzen.
Außerdem hatte ich mich, was meinen Wohnsitz betraf, entscheidend verbessert. Ich wohnte nicht mehr in jenem spießigen Reihenhaus mit Redeverbot, sondern in einem Studentenheim mitten in Schwabing. Es hatte mich an den Nabel der Welt verschlagen, und das vermittelte ein gesteigertes Lebensgefühl. Daß in diesem Wohnheim sogar Damenbesuch gestattet war, wenn auch nur bis zehn Uhr abends,

beunruhigte mich nicht weiter. Mir fehlte die Perspektive auf eine Anwendung dieser Möglichkeit – bis ich Adriane kennenlernte.
Ich hatte sie auf einem Faschingsfest der Theaterwissenschaftler entdeckt und war sofort tief beeindruckt von ihrer Erscheinung. Leider ging es meinem guten Freund und akademischen Mitstreiter Mike genauso. Wir waren beide aufs heftigste angezogen von dieser Frau. Sie verfügte über eine ungeahnte Weiblichkeit und über den sinnlichsten Mund aller Zeiten. Wenn sie ihr kosmetisch sorgfältig gestaltetes, im Normalzustand eher sphinxhaftes Gesicht zu einem Lächeln bekehrte und der Glut ihrer Augen etwas Sauerstoff gab, dann geriet die Erde ins Wanken.
So jedenfalls empfand ich – so empfanden wir, denn Adriane schenkte dieses Lächeln sowohl mir als auch Mike.
Wir brannten beide lichterloh. Aber als gute Freunde schafften wir es, keinen Hahnenkampf zu inszenieren, und da Adriane in bekannter Manier ihre Zuneigung zu gleichen Portionen über uns ausschüttete, war eigentlich alles offen, bis am Ende des Festes der Zufall wieder seine fatale Hauptrolle spielte.
Ich war an jenem Abend ohne Auto unterwegs – wahrscheinlich war es gerade mal wieder kaputt –, und so fehlte mir die entscheidende siegversprechende Waffe für die letzte Runde unseres freundschaftlichen Wettbewerbs. Adriane war auf öffentliche Verkehrsmittel angewiesen, diese fuhren jedoch nicht mehr, da es schon zu spät war. Mikes Auto war bedauerlicherweise vorhanden, und so war es klar, daß er sie nach Hause fahren durfte. Als wir uns voneinander verabschiedeten, glaubte ich einen wehmütigen Blick von Adriane zu entdecken. So konnte ich

mich wenigstens mit der kleinen Hoffnung trösten, daß Adriane es vielleicht doch vorgezogen hätte, von mir nach Hause gebracht zu werden.

Diese Annahme wurde auch in der Folgezeit nie so recht widerlegt, obwohl sich aus Mikes zufälligem Vorsprung tatsächlich das ergab, was ich befürchtet hatte: die beiden wurden ein Paar.

Es war eigentlich gut und doch mit grausamen Härten verbunden, daß sich das Verhältnis unter uns Männern wegen Adriane nicht verschlechterte. Wir waren oft zu dritt zusammen, und daß es dabei harmonisch zuging, lag nicht zuletzt an meiner zweifelhaften männlichen Fähigkeit, meine Gefühle gegenüber Adriane soweit zu reduzieren, daß sie in etwa einer platonischen Beziehung entsprachen. Dieser Zustand war jedoch nur schwer zu erhalten, da sich aus dem Verhalten Adrianes, aus ihren Gesten der Zuneigung nie so ganz klar deuten ließ, ob es nun ihrer oder Mikes Wahl entsprach, daß sie zu ihm gehörte und nicht zu mir. Die Kraft für diesen Balanceakt bezog ich aus meinem Ehrbegriff und dem Spruch meiner Mutter, daß die Frau eines Freundes tabu sei.

In dieser Zeit der Dreierfreundschaft war über Adriane zu erfahren, daß sie bereits im Alter von sechzehn Jahren mit einem Mann, den sie liebte, nach Gretna Green ausgerissen war, einem Ort in Schottland, wo man ohne elterliche Zustimmung rechtsgültig heiraten konnte. Sie hatte ein Kind und war unterdessen wieder geschieden. All das machte sie nur noch außerordentlicher, als sie ohnehin schon war, und bedeutete einen gewaltigen Erfahrungsvorsprung, obwohl sie genauso alt war wie wir. Ich weiß nicht, ob Mike, den ich auf der gleichen Entwicklungsstufe wähnte wie mich selbst, dieselben

Empfindungen plagten, ich jedenfalls kam mir dieser reifen Frau gegenüber ganz schön grün vor.
Eines Tages tauchten am Himmel unserer Harmonie Wölkchen auf, die mir erst durchaus hübsch erschienen, die sich jedoch nach und nach zu drohenden Gewitterwolken entwickelten.
Mike nahm während der Semesterferien an einem Theaterworkshop in England teil. Das bedeutete zwei oder drei Wochen Abwesenheit, und da er um Adriane besorgt war, die er so lange allein lassen mußte, bat er mich, seinen guten Freund, mich ein bißchen um sie zu kümmern. Das hätte er lieber nicht tun sollen.
Natürlich nahm ich diesen Auftrag an, und ich tat es bestimmt ohne schlechte Absichten. Ich hatte Adriane zwar sehr gern, aber ich wäre nie auf den Gedanken gekommen, das in mich gesetzte Vertrauen planmäßig auszunützen. Ich holte sie von der Arbeit ab, ging mit ihr spazieren oder ins Theater. Ich kümmerte mich um sie in einer Mischung aus Pflichtgefühl und Dankbarkeit, daß ich auf diese Weise so oft mit ihr allein zusammensein konnte. Das schlimme war, daß dabei immer unübersehbarer wurde, wie sehr auch sie mich mochte. Das tat gut und doch so weh, aber ich blieb korrekt.
Den entscheidenden Schritt tat dann Adriane. Wir saßen abends in einer Kneipe und redeten und redeten, da stellte sie auf einmal fest, daß soeben ihr letzter Bus abgefahren sei. Was nun? Mein Auto hatte inzwischen seinen Geist gänzlich aufgegeben, und ein Taxi zu ihrer abgelegenen Wohnung wäre viel zu teuer gewesen. In meine erschrockene Ratlosigkeit mischte sich Entsetzen, als Adriane meinte, sie könne ja zur Not auch bei mir übernachten und dann den allerersten Bus nehmen. Sie können sich

denken, was für Stürme in meinem Herz tobten – und in meinem Hirn. Der Gedanke an eine Nacht mit Adriane machte mich rasend vor Wonne, der Gedanke an meine Freundschaftspflicht machte mich rasend vor Skrupeln.
Die einzige Rettung bestand in einem Kompromiß. Mein Herz sagte mir: Du kannst das Mädchen doch jetzt nicht einfach abweisen. Mein Hirn sagte mir: Aber das eine ist klar – du bleibst sauber! Und ich selber sagte, so kühl, wie es nur ging: »Okay!« Wir gingen also zu mir, mißachteten das Damenbesuchsverbot nach zehn Uhr nachts, zogen uns weitgehend aus, wobei ich wirklich nur mit einem ganz kleinen Blick ihren ersehnten Körper streifte, und legten uns in mein schmales Bett.
Es ist kaum zu glauben, was die Beherrschung eines ehrenhaften Mannes erreichen kann. Es gelang mir tatsächlich, neben Adriane einzuschlafen, ohne mich ihr noch mehr zu nähern, als es in der Enge ohnehin schon geboten war. Was in Adriane vorging, kann ich nur vermuten. Wahrscheinlich war es ihr schwer genug gefallen, mir so weit entgegenzukommen. Darüber hinaus an meiner Standhaftigkeit zu rütteln wäre einer mutwilligen Brandstiftung gleichgekommen. So hatte sie eine Situation geschaffen, deren Ursache ohne weiteres in einem abgefahrenen Bus zu finden war, die jedoch nach den üblichen Maßstäben männlichen Verhaltens zu einer Annäherung führen mußte. Aber noch hatte mein Pflichtgefühl gesiegt.
Ich schlief also, und ich weiß nicht, ob es nun der Enge zu verdanken war oder meinem im Unterbewußtsein wachgebliebenen Verlangen, daß ich mitten in der Nacht plötzlich zu mir kam und mit getrübten Sinnen die Übermacht von Adrianes naher

Halbnacktheit wahrnahm. Ich konnte nicht anders – ich mußte sie streicheln! Vielleicht wurde sie dadurch wach, vielleicht hatte sie auch gar nicht geschlafen, jedenfalls reagierte sie sofort, rückte noch näher zu mir, und wir versanken im heiligen Strudel der wunderbarsten Erfindung der Natur.
Es war wahnsinnig schön! In diesem Augenblick der sich erfüllenden unendlichen Sehnsucht vergaß ich meine Ängste, ich war Mensch, nicht Mann. Und es war wahnsinnig traurig! Denn am nächsten Morgen, als ich Adriane zum Bus brachte, mußte es für mich klar sein, daß ich sie nicht wiedersehen durfte. Ich hatte der Freundesehre einen furchtbaren Schlag versetzt, was ich Mike gegenüber zwar nicht wiedergutmachen konnte, aber ich glaubte wenigstens, meinen eigenen Schmerz dadurch lindern zu können, daß ich meiner unverzeihlichen Schwäche absolute Härte gegen mich selbst folgen ließ.
Ich verabschiedete mich also mit unwiderruflichen Worten von Adriane, die genauso traurig war wie ich und nicht einsehen mochte, warum wir unser soeben geborenes Glück nicht gegen jede Anfechtung verteidigen sollten.
Aber weder ihre noch meine Gefühle durften mich beeindrucken, und so stieg sie in den Bus und fuhr aus meinem Leben.
Heute würde ich wohl kaum zögern, einem so starken und schönen Gefühl nachzugeben, unter dem ich damals so litt. Ich strafte mich für meine unschuldige Liebe nicht nur durch Selbstvorwürfe, weil ich schwach geworden war, sondern auch durch einen fortdauernden Kampf mit meiner sehnsüchtigen Seele, den ich verlieren mußte. Als ich am Abend desselben Tages meinen Schmerz nicht mehr aushielt und Adriane doch wieder von der Arbeit ab-

holte, war das zwar menschlich, aber nicht männlich. Ich hatte schon wieder versagt.
Wir lagen uns glücklich in den Armen, und für einen Moment fühlte ich mich stark genug, die verworrene Situation durchzustehen. Wir schliefen auch in der kommenden Nacht miteinander und gerieten damit so tief in den Sog unserer unerlaubten Liebe, daß ich es aufgab, dagegen anzukämpfen. Als Ausrutscher war mein Treuebruch nun ohnehin nicht mehr zu verharmlosen. Durch den Wiederholungsfall war der Tatbestand einer Liebesbeziehung erfüllt. Dem war nicht auszuweichen, und so mischte sich in den folgenden Tagen in mein schlechtes Gewissen immer klarer der Gedanke, Mike bei seiner Rückkehr die Wahrheit zu sagen und Adriane nicht wieder loszulassen.
Vielleicht wäre es dazu gekommen, hätte sich nicht eines Nachts ein folgenschweres Mißgeschick ereignet.
Wir liebten uns in meinem schmalen Bett, und ich war mal wieder so fern von meinen Skrupeln, daß es mir ungeheuer gut ging mit meiner geliebten Adriane und ihrem wunderschönen Leib. Offenbar ging es mir etwas zu gut, denn vor lauter Begeisterung durchbebte mich ein sehr frühzeitiger Orgasmus. Und da ein Orgasmus bei uns Männern ja eine gewisse Masseveränderung hervorruft, die einer Frau, zumal wenn sie selber kurz vor dem erhabenen Erlebnis ist, ein Gefühl vermitteln kann, als stünde sie vor dem schiefen Turm von Pisa und der würde ausgerechnet in dem Moment umfallen, wo sie gerade einen neuen Film einlegt – weil das so sein kann, habe ich sehr viel Verständnis für die Frustration, die sich in Adriane breitmachte. Nur hätte sie ihr eventuell doch etwas taktvoller Luft machen kön-

nen als mit den Worten: »Das kannst du mit mir nicht machen!«
Ich war entsetzt: Dieser Satz traf meinen empfindlichsten Nerv! Adriane war erst die zweite Frau, mit der ich schlief. Mich schützte nur ein ganz dünnes Erfahrungspolster vor Anschlägen auf mein labiles männliches Selbstwertgefühl. Durch den in meinen Augen immensen Erfahrungsvorsprung Adrianes wurde ihr Protest zu einem Psycho-Geschoß, das mich verheerend zurichtete. Ich war nicht in der Lage, diese reife Frau zu befriedigen! Die furchtbare Erkenntnis stürzte mich mit solcher Macht von meinem ohnehin schon wackeligen Sockel, daß mein Ego den Boden der Realität durchschlug und in einem abgrundtiefen Sexualkomplex landete. Ein kleiner unbedachter Satz hatte eine schauderhafte Phase eingeleitet, die über Jahre andauern sollte.

Nach dieser Nacht der bitteren Wahrheit hatte ich eine Höllenangst, noch einmal mit Adriane zu schlafen. Ein weiteres Versagen glaubte ich nicht verkraften zu können. Selbstverständlich verlor ich über meinen grauenhaften Zustand kein Wort. Die Tatsache, daß Mike sehr bald zurückkommen würde, gab mir einen plausiblen Grund, meine eigentlichen Schwierigkeiten zu vertuschen, indem ich meine Schuldgefühle dem Freund gegenüber als noch unerträglicher darstellte, als sie es ohnehin schon waren. Daraus leitete ich die Verpflichtung ab, nun tatsächlich mit meiner Treulosigkeit Schluß zu machen, also auch mit Adriane. Der Entschluß, mich von ihr zu trennen, traf sie völlig unvorbereitet, sie konnte nicht ahnen, was mir plötzlich zu meiner edlen Konsequenz verhalf. Sie war betrübt bis erbittert über meine abrupte Abkehr, doch ich blieb stur.

Nach ein paar Tagen rief sie mich an und meinte, wir sollten noch einmal miteinander reden, am nächsten Tag käme Mike zurück, und wir könnten unsere Beziehung doch nicht so ungeklärt mit uns herumschleppen, wenn wir mit ihm zusammen wären. Erfreut und widerwillig zugleich erklärte ich mich bereit. Nachdem ich die Aussicht auf eine gemeinsame Zukunft verloren hatte, war mir sehr daran gelegen, daß Mike nichts von unserem Treuebruch erfuhr, und ich war mir nicht sicher, ob ich Adriane nicht veranlassen würde, ihm sofort alles zu beichten, wenn ich mich ihr gegenüber allzu ruppig benahm. Außerdem spürte ich nach wie vor ein heftiges Sehnen nach ihr. Meine Zuneigung konnte ja nicht so plötzlich verschwunden sein, sie war nur zugeschüttet von Angst und Selbstzweifeln.

Abends kam sie also zu mir, und wir redeten Trauriges. Sie wollte mich dazu bewegen, gegenüber Mike zu ihr und unserer Liebe zu stehen, ich wollte ihr klarmachen, daß das alles keinen Sinn habe, durfte ihr aber nicht sagen, warum. Und dann tat sie etwas, was mich heute noch bedrückt, wenn ich daran denke, weil es zeigte, in was für einer Not sie sich befand.

Als sie erkennen mußte, daß ihre Worte an meiner Entschlossenheit abprallten, setzte sie auf die Sprengkraft ihrer weiblichen Reize. Meine leichte Erregbarkeit hatte sie am eigenen Leib erfahren, und so durfte sie damit rechnen, daß ich einer entsprechenden Attacke nicht gewachsen war. Trotzdem gelang es mir, meine harte Haltung zu bewahren, als sie mit aufregend sinnlichem Blick zu mir herrückte und sich ihre Bluse aufknöpfte. Das Erschrecken über die Tatsache, daß sie sich mir anbot, um mich auf diese Weise umzustimmen, ließ mich auch dann noch starr bleiben, als sie sich auszog und mir den Anblick ihres nackten Körpers um die Seele schlug. Als sie jedoch begann, meine Hose zu öffnen, gab es keine Rettung mehr. Hilflos lieferte ich mich einer neuerlichen sexuellen Niederlage aus, durch die sich der Schock vom vorigen Mal zu dumpfer Verzweiflung vertiefte.

Außer der endgültigen Bestätigung meiner mangelhaften Potenz erlebte ich an diesem unglückseligen Abend noch eine andere schlimme Wahrheit, deren Hintergrund mir damals nicht bewußt sein konnte und nicht bewußt sein durfte, denn sie half mir, auch innerlich die Trennung zu vollziehen: Adrianes Verhalten versetzte mich in eine neue Distanz zu ihr. Die vorherige war aus meiner Angst vor weiteren Verletzungen entstanden, war also eher künstlich, die neue Distanz war echt, denn sie gründete sich auf eine moralische Verurteilung. Ist es nicht furchtbar, daß wir Männer glauben, eine Frau ablehnen zu müssen, die ihren Körper anbietet, obwohl wir selbst ein Leben lang das gleiche tun – bloß eben nicht mit gleichem Erfolg?

Wenn wir nicht eine eindeutige Abneigung gegenüber einer Frau hegen, sind wir gegen ein derart massives Werben praktisch wehrlos. Das hat zum einen etwas zu tun mit der Seltenheit eines solchen Vorgangs und der damit verbundenen mangelnden Gewöhnung, zum anderen jedoch mit einer schlichten, aber sehr wirksamen Wahrheit: Wir Männer finden den weiblichen Körper reizvoller als umgekehrt die Frauen den männlichen.

Es ist nicht leicht für uns, mit dieser Erkenntnis zu leben, deshalb wollen so viele Männer sie auch nicht wahrhaben. Denken Sie nur daran, was sich in jedem Freibad, an jedem Strand abspielt, wenn sie auf und ab wandeln und sich selbstgefällig über ihre Bäuche und Brustkörbe streichen, wenn sie sich am Spiel ihrer Muskeln ergötzen und auf sonstige Weise ein phantastisches Körpergefühl zur Schau tragen. Wie viele Frauen scheinen dagegen den Gang zum Wasser, zum Eisessen oder sonstwohin eher als eine Last zu begreifen, weil sie ihre Körper gar nicht gerne vorführen.

Wie groß diese weiblichen Selbstzweifel sein können, mußte ich oft erleben, wenn ich mich vergeblich bemühte, einer Frau meine Begeisterung über die Schönheit und den Reiz ihres Körpers glaubhaft zu machen. So sehr ich auch schwärmte – da oben oder da unten, da hinten oder da vorne war immer noch ein Quäntchen Fett zuviel oder zuwenig.

Bei uns sind solche Probleme vergleichsweise selten. Nicht, daß es keine Männer gäbe, die um weniger Fett oder um mehr Muskeln ringen, ich meine, unsere Einstellung gegenüber der eigenen Nacktheit ist eine andere. So mancher formlose Liebesrecke mag sich aus seinem Anzug ins Bett stürzen und sich dort wie ein leibhaftiger Apollo vorkommen, während sich die nackte Angebetete bange fragt, ob er wohl merken wird, daß sie da oben oder da unten, da hinten oder da vorn etwas zuviel oder zuwenig hat.

Es ist verwirrend: Der Mann findet seinen Körper schön und meint damit eine Frau reizen zu können, die Frau findet ihren Körper nicht schön und meint damit einen Mann nicht reizen zu können, und doch ist es so, daß die Frau den Mann reizt und nicht der Mann die Frau.

Der Grund dafür liegt im Gesetz von Angebot und Nachfrage: Während eine Frau, die der positiven Wirkung ihrer Nacktheit nicht so recht traut, diese eher unter Verschluß hält und damit die Nachfrage

anheizt, schafft ein Mann, der seine Nacktheit für ansehnlich hält und deshalb ständig bereit ist, sie siegreich ins Feld zu führen, ein Desinteresse am Überangebot.
Vielleicht denken Sie nun daran, wie groß doch das Angebot weiblicher Nackt- und Halbnacktheit zum Beispiel in Illustrierten ist, während männliche Körper nur relativ selten zu bewundern sind; vielleicht denken Sie auch an den Unfug in so vielen Kino- und Fernsehfilmen, wo immer wieder der Blick auf eine entkleidete Dame gestattet ist, während der Herr bevorzugt mit der Unterhose ins Bett steigt; deshalb möchte ich betonen, daß ich meine These auf tatsächliche - erlebte oder mögliche - Nacktheit beziehe.
Das Angebot an indirekter weiblicher Nacktheit befriedigt keineswegs die männliche Nachfrage nach dem direkten Erlebnis. Im Gegenteil, sie wird dadurch nur gesteigert, und so kann eine Frau damit rechnen, daß sie einen Mann zumindest sehr beunruhigt, wenn sie ihm ihren nackten Körper anbietet. Wir Männer können in einer solchen Situation selbst dann kaum widerstehen, wenn wir dazu fest entschlossen sind. Nur zu leicht verliert unsere Willenskraft den Kampf gegen den Reiz der weiblichen Nacktheit, und im Falle einer Niederlage neigen wir dann dazu, die vorher gezeigte Schwäche durch eine nachträgliche harte Haltung auszugleichen.
Der Versuch einer Frau, auf diese Weise einen Mann gegen seinen Willen enger an sich zu binden, ist also ziemlich aussichtslos. Es wird ihr vielleicht gelingen, mit der Macht ihrer Reize seinen Widerstand zu brechen, aber sie wird sich ihres Erfolgs nicht lange freuen können. Zu schnell wird der käufliche Mann nach kurzer Willenlosigkeit in seinen Widerwillen

zurückfallen und seinen Abstand nur noch vergrößern.
Auch Adriane und mich mußten nach ihrem zweifelhaften Teilerfolg heftige Katergefühle plagen. Mich, weil ich nicht standhaft geblieben war, und sie, weil sie ihren Stolz so sinnlos aufgegeben hatte. Und solche Gefühle bringen einander nicht näher.
Am nächsten Tag war Mike wieder da. Wir spielten für ihn und für uns die Tragikomödie der unbefleckten platonischen Freundschaft und kamen damit einigermaßen zurecht, bis sich irgendwann auch diese Zusammengehörigkeit verlief.

Meine vorher eher unbestimmten Ängste vor sexueller Annäherung an eine Frau, hatten durch Adriane einen eindeutigen Grund bekommen: Ich war nicht in der Lage, meiner männlichen Aufgabe in der Liebe gerecht zu werden; ich war unfähig, eine Frau zu befriedigen.
Hätte ich mich nicht selbst der Möglichkeit beraubt, mit Adriane weiter zusammenzubleiben, hätten wir das Problem vielleicht gemeinsam in den Griff bekommen. Wir hätten miteinander sprechen können, sie hätte mir vielleicht sogar gesagt, daß ich sie bis auf jenes eine Mal immer glücklich gemacht hätte. Und ob das nun wirklich wahr oder nur mitfühlend geschwindelt gewesen wäre, es hätte mich sicher aufgebaut. Was aber schon in einer vertrauten Beziehung so schwer zu lösen gewesen wäre, das wurde im Hinblick auf eine ›neue‹ Frau zu einer gigantischen Barriere. Das Gewicht des ersten Eindrucks, der in meinem Fall nur vernichtend sein konnte, schreckte mich von allem ab, was auch nur im geringsten nach Gefahr roch.
In stiller Verzweiflung malte ich mein Krankheits-

bild der Ejaculatio praecox, des vorzeitigen Samenergusses, und die Farben wurden immer greller. Ich besorgte mir Aufklärungsbücher oder sonstige einschlägige Lektüre, um auf die Behandlung meines Problems zu stoßen. Aber es tauchte nirgendwo auf. Es schien nicht vorgesehen bei Männern, bei denen es sich noch lohnt, sie durch aufklärendes Schriftgut an die perfekte ›Technik sexueller Lust- und Liebesspiele‹ heranzuführen. Nein, zu denen gehörte ich nicht mehr, ich war ein hoffnungsloser Fall.

Eines Tages entdeckte ich schließlich doch in einem ansonsten trostlosen Werk eines evangelischen Pastors ein paar Sätze über mein Leiden. Da hieß es, daß der leicht erregbare Gatte, um einem frühzeitigen Samenerguß vorzubeugen, sich nach der Einführung des Penis in die Scheide der Gattin mit seiner Eichel möglichst in dem erweiterten Vorraum zum Gebärmuttermund aufhalten möge, da sie dort nicht dem Reibungsreiz der engeren Regionen ausgesetzt sei ... Das war leicht gesagt, aber wenn in der eigenen Vorstellung schon alles vorüber sein mußte, bevor dieses ruhige Plätzchen überhaupt erreicht war, dann war mit dieser Methode wenig auszurichten.

Als kleiner Trost blieb nur, daß dieser Pastor wenigstens von der Existenz eines solchen Leidens wußte, – ich konnte also nicht der einzige sein auf dieser Welt. Die Empfehlung, in besonders gravierenden Fällen vertrauensvoll den Arzt zu befragen, hätte er sich allerdings sparen können. Zum Arzt hätten mich keine zwanzig Pferde gebracht. Mein Defekt ging keinen was an. Schon bei dem Gedanken, irgend jemand könnte davon erfahren, schämte ich mich zu Tode.

Noch später entdeckte ich dann in einem vorsorglich

bestellten Prospekt für ›Ausgleichende Hilfsmittel in der Ehehygiene‹ zwischen Gliedstützen und Dauerpräservativen gegen Mikrogenitalie ein Präparat mit dem vielversprechenden Namen ›Longtime Männercreme‹, durch deren »leicht anästhesierende« Wirkung die »spontane Ejakulation« verzögert werden sollte. Das war mein Mittel – nichts wie her damit!

Die Creme kam ins Haus, aber sie wurde nie benützt. Sie liegt noch heute in meinem Schrank, als Mahnmal an schreckliche Zeiten, und wenn ich Ihnen aus der Gebrauchsanleitung zitiere, dann werden Sie sicher verstehen, warum sie nie zum Einsatz kam: »Unmittelbar vor dem Verkehr bestreichen Sie mit einem erbsengroßen Stück die Eichel und die Kranzfurche bei zurückgezogener Vorhaut.« Können Sie sich vorstellen, daß ein Mann, mit dem Sie sich im wachsenden Liebesrausch auf die Vereinigung zubewegen, auf einmal sagt: »Moment, Liebling, ich muß da eben noch meine Eichel und meine Kranzfurche präparieren« – und das beim ersten Mal?

Vielleicht entlockt Ihnen diese Schilderung meiner Sorgen ein verständnisvolles Lächeln. Na, das kann doch jedem Mann mal passieren. Kann es auch, soll es auch, schließlich sind wir keine Roboter, aber wenn ein Mann sich selbst gegenüber dieses Verständnis nicht aufbringt, wenn er sich Vorwürfe macht, versagt zu haben, dann können Potenzängste nicht ausbleiben.

Schon ohne solche Belastungen wie die Furcht vor einem zu frühen Samenerguß bietet uns Männern unser Geschlechtsorgan Anlaß genug, verunsichert zu sein, denn an ihm kann man immer feststellen, was gerade mit uns los ist. Ich meine nicht, was die tieferen Regionen unserer Seele betrifft – da sind wir

Weltmeister im Vertuschen –, sondern was in den flacheren Regionen vor sich geht, wenn ich dort einmal Gefühle ansiedeln darf wie Lust oder Unlust, Begeisterung oder Gleichgültigkeit, Bereitschaft oder Unentschlossenheit. Für all das ist unser kleiner bis großer Freund, unser geliebter Wonne- bis lästiger Schreckenspender, unsere siegverheißende Waffe und unser Kapitulationssymbol, für all das ist unser Penis ein unfehlbarer Informationslieferant. Mit einem so anfälligen Instrument läßt es sich nicht lügen. Wenn ich neben einer Frau liege und versuche ihr klarzumachen, daß sie einen ungeheuer erotischen Körper hat, während mein Penis als Ausbund der Langeweile vor sich hinlümmelt, soll ich ihr dann erklären, daß sich bei mir die Erregung im Gegensatz zu anderen Männern eben nicht in einer primitiven Erektion äußert? Oder soll ich, um am Fall zu bleiben, einer Frau gegenüber so tun, als wäre ich noch im Vollbesitz meiner Kräfte, meiner Lust und meiner Laune, wenn mir soeben mit allen deutlichen Folgen eine Ejaculatio praecox vom Stapel gelaufen ist?

Ich weiß, daß Frauen eine Menge sexueller Probleme haben können, aber dieses haben sie nicht. Es trifft nicht ganz zu, wenn als Entsprechung zu unserer Erektion die ›Sekretentwicklung der Bartholinschen Drüse‹ angeführt wird, der man bei einer Frau den Grad der Bereitschaft oder der Lust entnehmen können soll. Ich war mit Frauen zusammen, die wenig Feuchtigkeit entwickelten und die trotzdem Lust empfanden – und das ist nicht nur eine Vermutung, ich habe mit ihnen darüber gesprochen. Und wenn Sie nun vielleicht wieder lächeln, weil Sie meinen, ich hätte mich da im einen oder anderen Fall sicherlich täuschen lassen, dann wäre das nur eine Bestätigung

dessen, was ich sagen will. Eine Scheide liefert eben keine eindeutigen Informationen, nicht einmal über die flachsten Regionen der Seele. Das heißt, eine Frau kann einem Mann ganz schön was vormachen. Zum Beispiel eine Bereitschaft, wann immer es ihr gut erscheint, zum Beispiel eine Lust, wann immer es ihr gut erscheint, und natürlich auch zum Beispiel einen Orgasmus, wann immer es ihr gut erscheint.
Mag sein, daß sich viele Männer dessen nicht bewußt sind und sich ein Leben lang immer wieder täuschen lassen, aber ich bin heute fast geneigt, ihnen das zu gönnen, denn schließlich wäre es ja Sache der Frauen, sich nicht mehr zu verstellen. Die Männer jedenfalls, die sich der Zusammenhänge bewußt sind, haben unter Umständen große Schwierigkeiten, sich nicht unterlegen zu fühlen. Denn sie müssen mit der Wahrheit zurechtkommen, die sich mit dem knappen Satz ausdrücken läßt: Eine Frau kann immer!

Seit der Begegnung mit Adriane war mehr als ein Jahr vergangen. Ich lebte inzwischen in einer Wohngemeinschaft ohne Regelungen bezüglich Damenbesuchs. Nie zuvor hatte ich soviel Freiheit, doch ich sah keine Möglichkeit, sie zu nützen, denn mein Sexualkomplex stand nach wie vor in voller Blüte.
Ich bewegte mich gerade auf mein zweiundzwanzigstes Lebensjahr zu und grämte mich, daß ich bereits den größten Teil meiner besten Jahre inhaltslos vertan hatte, da geriet eines Tages Gudrun in mein angeschlagenes Leben. Ich entdeckte sie auf einer

Party und war sofort wie gelähmt unter dem Eindruck dieser Liebe auf den ersten Blick. Gudrun hatte unter ihren blonden Locken einen so liebenswürdigen Gesichtsausdruck, ihr Lächeln war von solcher Wärme, daß ich mich einfach zu ihr hingezogen fühlen mußte. Eine Frau mit einer so gütigen Ausstrahlung hätte ganz sicher Verständnis für meine Probleme gehabt. Ich entdeckte aber auch, wenn sie nicht lächelte, sondern lachte oder den Menschen, der mit ihr sprach, kritisch anschaute, in ihren Augen ein Glitzern, das Entschlossenheit, möglicherweise sogar eine gewisse Unberechenbarkeit andeutete.

Das machte mich in meiner Zuneigung noch hilfloser, als ich es ohnehin schon war. Ein Annäherungsversuch im lockeren Gespräch schien völlig undenkbar.

Zum Glück ergab es sich am Ende der Party, daß ein paar der Gäste noch in ein Lokal gehen wollten, um etwas zu essen.

Unter ihnen war auch Gudrun, und so war es für mich klar, daß ich mich, ihrem Magnetismus folgend, auch in Bewegung setzte. Draußen, allein im Auto, fühlte ich den starken Drang zu fliehen, aber dann siegte doch das übermächtige Bedürfnis und die Hoffnung.

Nun macht Verzweiflung ja bisweilen auch ungeahnte Kräfte frei. Anders kann ich mir nicht erklären, daß ich es schaffte, im richtigen Moment an der richtigen Stelle zu sein, als es darum ging, an einem langen Tisch Platz zu nehmen. Es wirkte wie ein Zufall, daß ich direkt neben Gudrun zu sitzen kam, und somit hatte ich noch eine Atempause, bevor ich es wagte, sie anzusprechen. Ich weiß nicht mehr, was ich redete, aber es muß sehr viel gewesen sein, denn da war die Angst, sie wieder aus dem Gespräch zu verlieren, das ich endlich erkämpft hatte. Der Alkohol, den ich in meiner Bedrängnis reichlich genossen hatte, tat ein übriges, und so war es kein Wunder, daß ich ihr eher auf die Nerven ging, als daß sie sich für mich interessiert hätte. Das offenbarte sie mir allerdings erst bei einer späteren Gelegenheit, bei der ich auch erfahren mußte, daß sie damals mit mir nur die Adressen austauschte, um meinem beharrlichen Drängen ein Ende zu machen.

Die Tatsache, daß sie nur zwei Häuserblocks entfernt von mir wohnte, machte mich in den nächsten Tagen reichlich nervös. Ich mußte an dieses Wunderweib heran, und mit ihrer Adresse hatte ich in Verbindung mit der Initiative des Mannes den Schlüssel zum Glück in der Hand. Aber was damit machen?

Das war wieder eine dieser typischen Situationen, in denen Segen und Qual der Männerrolle ganz nah beieinander liegen. Hätte ich mich darauf verlassen müssen, daß Gudrun etwas unternahm, um den ersehnten weiteren Kontakt herzustellen, dann hätte ich mich zwischen Hoffnung und Hoffungslosigkeit aufgerieben. Ich wäre verzweifelt gewesen über die Ungerechtigkeit, zur Passivität verurteilt zu sein. So aber war ich verzweifelt über die Ungerechtigkeit, zur Aktivität verurteilt zu sein.

Aber was sollte ich unternehmen? Aufgrund meines angeschlagenen Selbstbewußtseins mußte ich die Möglichkeit streichen, einfach an Gudruns Haustür zu klingeln und zu sagen: »Guten Tag, hier bin ich, nett, dich zu sehen.« Ich brauchte etwas Besonderes, und so war ich sehr dankbar, als mir mein Wohngemeinschaftsgenosse Friedrich-Wilhelm vorschlug, am Fronleichnamstag mit ihm und seiner Freundin eine Segelpartie auf dem Starnberger See zu machen. Ich fragte ihn sofort, ob ich denn zur Not noch ein Mädchen mitnehmen könnte, und er hatte nichts dagegen. Das war schon etwas Besonderes! Mit einer so attraktiven Einladung konnte man an einer Haustür klingeln.

Ich sammelte alle meine verbliebenen Kräfte, ging zwei Häuserblocks weiter und stieg mutig die Treppen zu Gudruns Appartement hoch. Noch mal den Spruch im Geiste aufsagen, tapfer klingeln ... nichts! Der Nervenaufwand war umsonst gewesen. Ich eilte hinunter ins nächste Blumengeschäft, kaufte eine vereinzelte Rose, schrieb auf einen Zettel einen netten Gruß und gelangte währenddessen zu der Überzeugung, daß es so eigentlich viel besser war, als Gudrun gleich mit meiner Anwesenheit zu konfrontieren. Sie konnte sich unbedrängt über meine Geste freuen und sich in aller Ruhe an den Gedanken gewöhnen, daß meine Zuneigung zu ihr ungebrochen war.

Als ich die Treppe wieder hochhastete und mit der Aufgeregtheit eines Bombenlegers meine Botschaft auf der Fußmatte vor Gudruns Tür deponierte, hatte ich bereits Angst, sie könnte plötzlich nach Hause kommen. Als ich das Haus wieder verlassen und mit zügigen Schritten sicheren Abstand gewonnen hatte, atmete ich erleichtert auf. Erst die Befürchtung, sie könnte nicht da sein, dann die Befürchtung, sie könnte auf einmal auftauchen – die Seele eines Verliebten schlägt eben so manchen Haken.

Es vergingen ein paar Tage, bis ich den nächsten Anlauf nahm. Wieder gelang es mir, bis zu ihrer Haustür vorzudringen und zu klingeln. Das nach diesem unwiderruflichen Geräusch losbrechende Entsetzen über meinen eigenen Mut kam zu spät, es gab keine Fluchtmöglichkeit mehr, denn plötzlich ging die Tür auf, und Gudrun stand vor mir. Sie hatte einen Morgenrock an, brachte ein nettes Lächeln zustande und sagte, daß sie eigentlich ziemlich krank sei und die Tür nur aufgemacht habe, weil sie jemand ganz anderen erwarte. Mit mir habe sie nicht gerechnet, wenngleich sie meinen Zettel mit der Rose sehr erfreut zur Kenntnis genommen habe.

Ihre Liebenswürdigkeit half mir, trotz der Erkenntnis, im falschen Moment erschienen zu sein, meine Einladung zu der in drei Tagen geplanten Segelpartie zu stammeln. Sie meinte, das sei ja sehr nett von mir, aber ich müsse doch verstehen, daß sie mir nicht so einfach zusagen könne, da sie nicht wisse, wie es in drei Tagen mit ihrer Grippe aussähe. Sie wolle es sich aber gerne überlegen, sie habe ja meine Telefonnummer ...

Mit den besten Wünschen für ihre baldige Genesung verabschiedete ich mich und hatte in den nächsten zwei Tagen nicht die geringste Gewißheit, ob sie mich nun tatsächlich anrufen würde oder nicht. Als ich am Vorabend des Fronleichnamstages immer noch nichts von ihr gehört hatte, packte mich eine solche Ungeduld, daß ich mich noch einmal auf den schwierigen Weg machte.

Wieder klingelte ich, wieder stand Gudrun in der Tür – und ich hatte Glück! Wie ich allerdings später erfahren mußte, sagte sie mir nicht etwa zu, weil sie das Abenteuer einer Segelpartie so sehr gereizt hätte, sondern weil sie es angesichts meiner rührenden Erwartungsfreude nicht übers Herz brachte, nein zu sagen. Ahnungslos rannte ich voller Freude nach Hause und sehnte mich dem kommenden Tag entgegen.

Ich habe Ihnen diese Geschichte meiner Annäherung an Gudrun so ausführlich erzählt, weil sie zeigt, wie schwierig es für einen Mann sein kann, seine selbstgestellte Aufgabe zu lösen, deren Ergebnis oft den Anschein erweckt, spielend leicht zustandegekommen zu sein. »Auf einmal stand er da und lud mich zum Tanzen, zum Essen, zum Kino oder zu sonst was ein . . .«, hört man immer wieder Frauen berichten, die gefragt werden, wie es denn ihr Mann angestellt habe, sie zu erobern. Was diesem ›Auf einmal‹ an inneren Keilereien vorausgegangen ist, bleibt viel zu oft im verborgenen, weil sich der Gemahl auf die entsprechende Frage meist auch nicht informativer äußert. Als Mann der Tat wird er dazu neigen, zu sagen: »Für mich war die Sache klar – die Frau mußt du haben, und da bin ich einfach hingegangen.«

Nicht jeder Mann leidet an Ejaculatio praecox, aber wodurch nun das Selbstbewußtsein angeknackst ist, das ist im Prinzip egal. Es kann genauso durch eine zu große Zahnlücke, durch mangelhafte Rechtschreibung, durch den Namen Traugott oder durch Angst vor Fußschweiß passieren.

Menschen, die kein intaktes Selbstbewußtsein haben, entwickeln nicht zwangsläufig Schüchternheit, aber wenn es der Fall ist, dann trifft es Männer wesentlich härter als Frauen. Schüchternheit steht im allgemeinen Verständnis einer reagierenden Frau ganz gut an, zum Bild des agierenden Mannes paßt sie leider überhaupt nicht. Er muß also trotz seiner Schüchternheit handeln, dazu hat er sich selbst verurteilt, oder er muß aufgeben und nicht nur mit dem Verlust einer ersehnten Frau fertig werden, sondern auch mit weiteren Zweifeln an sich selbst.

Was bei Frauen in solch einer Situation im argen ist, liegt auf der Hand. Angenommen, Gudrun hätte sich in mich verliebt und nicht gewußt, ob ich ihr auch zugeneigt bin oder nicht. Sie wäre auf ein Entgegenkommen meinerseits angewiesen gewesen oder auf den Zufall eines neuerlichen Zusammentreffens, denn selber aktiv zu werden, hätte ihrer Rolle als Frau nicht entsprochen.

Es hat sich in der Zwischenzeit gewiß einiges zum Vorteil verändert. Die Rollenverteilungen sind nicht mehr ganz so zementiert wie früher. Aber auch heute noch fällt es vielen Frauen offenbar sehr schwer, von sich aus eine Vertiefung des Kontakts in die Wege zu leiten, wenn ihnen ein Mann gefällt. Ich glaube, das aus so manchem verspäteten Bekenntnis entnehmen zu können, aber auch aus spontanen Äußerungen der Dankbarkeit, wenn ich mich von mir aus bei einer Frau nach einer einmaligen Begegnung meldete. »Ich hätte mich nie getraut ...« Diesen Satz habe ich oft hören müssen.

Wir Männer lügen uns auch hier in die Tasche, wenn wir uns an dem Vorteil festklammern, daß uns auf diese Weise nicht Frauen belästigen, die wir nicht haben wollen, daß wir die Wahl treffen können und nicht durch eine Wahl getroffen werden. Wir mogeln uns damit über die vielen trüben Erfahrungen hinweg, die wir machen müssen, wenn wir sehnsüchtig denken, ach, wenn sie jetzt doch anrufen würde, dann wüßte ich wenigstens, daß ich sie ebenso hätte anrufen dürfen, ohne peinliches Befremden auszulösen. Wie oft wären wir froh, wenn für die Erfüllung solcher Sehnsüchte auch nur die geringste Hoffnung bestünde.

Auch in dieser Sache haben wir den Frauen auf fatale Weise zu einer Fähigkeit verholfen, die uns selbst vorenthalten bleiben wird, solange wir auf unserem vermeintlichen Vorteil beharren: Ich meine die Fähigkeit, ohne großen Aufwand einen Korb zu geben. Auch hier wäre es nur zu wünschenswert, wenn es zu einer Aufgabenteilung käme, und auch hier gilt, was Sie vielleicht mit gemischten Gefühlen zur Kenntnis nehmen werden: Den ersten Schritt in Richtung geteilter Initiative können nur die Frauen tun.

Zärtlichkeit, Liebe und Miteinanderreden werden uns ohnehin schon schwer genug gemacht, deshalb wäre es wenig sinnvoll, ein Gleichgewicht der Initiative dadurch herzustellen, daß wir Männer uns auf das Maß weiblicher Zurückhaltung reduzieren. Nein, die Frauen sollten ihre weitgehende Passivität aufgeben, und sie müßten, ja, sie dürften sich dabei keineswegs auf das Niveau männlicher Aktivität begeben, dann würden wir uns bald in der Mitte zwischen männlicher Überaktion und weiblicher Unterreaktion auf dem weichen Boden des einfach nur menschlichen Verhaltens treffen.

Ich weiß, daß es für eine Frau nicht leicht ist, einem ›neuen‹ Mann gegenüber ihren Wunsch nach Vertiefung des Kontakts außer durch verstärktes Augenzwinkern auch durch die Frage nach seiner Telefonnummer auszudrücken. Nicht nur weil sie sich gegen ihre Erziehung durchzusetzen hat, sondern auch weil sie damit rechnen muß, daß sich ein solchermaßen seiner Rolle beraubter Mann auf der Bühne seiner Männlichkeit nicht mehr zurechtfindet. Aber diese Verunsicherung findet ja auch deshalb statt, weil wir Männer zu wenig Gelegenheit haben zu üben, statt eine Rolle zu spielen, wir selbst zu sein.

Es wäre schön, wenn sich eine Frau bei ihren ersten schwierigen Schritten in Richtung eigener Initiative nicht entmutigen ließe, falls sich ein, zwei oder gar drei vermeintliche Champignons als Knollenblätterpilze entpuppen – der vierte und der fünfte sind vielleicht wirklich echt. Es hätte jedoch keinen Sinn, beim Übernehmen der Initiative männliche Muster nachzuahmen. Unser Verhalten entspricht ja schon nicht der Natur eines männlichen Menschen, wie sollte es dann der Natur eines weiblichen Menschen entsprechen? Am ehesten kommt es der Natur vielleicht noch entgegen, wenn sich ein bereits unnatürlich gewordener Mann gegen das Kopieren seines Verhaltens durch eine Frau zur Wehr setzt.

Umgekehrt, werden Sie jetzt vielleicht denken, müßte es dann eigentlich ebenso zu erwarten sein, daß sich eine Frau gegenüber einem Mann zur Wehr setzt, der sich nach ihrem Muster verhält – interessanterweise gibt es dafür das Wort ›weibisch‹. Es gibt jedoch einen logischen Unterschied im Ausmaß der gegenseitigen Verunsicherung, da sich eine Frau von einem Mann, der sich ›weibisch‹ benimmt, nicht bedroht fühlen muß, während ein Mann allen Grund zu haben glaubt, sich von einer Frau bedroht zu fühlen, die sich ›männisch‹ benimmt – ein solches Wort gibt es interessanterweise nicht!

Wenn ich Männer beobachte, die von Frauen ›männisch‹ angegangen werden, dann muß ich oft feststellen, daß sie aggressiv reagieren oder sich völlig verunsichert in die Verhaltensweise einer angegangenen Frau flüchten. Das kann doch nun wirklich nicht der Weg sein zu einer Annäherung der Geschlechter!

Der Fronleichnamstag wurde zum schönsten Tag meines bisherigen Lebens. In meinem Glück übersah ich allerdings, daß meine Aufgeregtheit kaum der richtige Zustand sein konnte, um Gudruns Zuneigung zu gewinnen. Erst als wir im Anschluß an das Segeln noch in einem gemütlichen Biergarten saßen, hatten sich die Wogen meiner Seele etwas geglättet. Ich konnte mich nun schon fast so verhalten, wie ich wirklich war, und dadurch gelang es mir offenbar, bei Gudrun endlich ein gewisses Interesse zu erwekken.

Als wir abends zurück in München waren, war sie gerne bereit, mit mir noch ein Bier zu trinken, und je länger wir miteinander redeten, desto stärker wurde mein Gefühl, daß wir füreinander bestimmt waren. Da auch Gudruns Befremden über die Art, wie ich meine Verliebtheit äußerte, immer mehr nachließ, blieben wir zusammen, als die Kneipe zumachte. Wir gingen lange spazieren, bevor ich sie im Morgengrauen heimbrachte und selig vor Glück nach Hause lief.

Im nachhinein ist mir klar, wie es dazu kommen konnte, daß wir uns fast verfehlt hätten. Durch meine Verliebtheit und durch die Entschlossenheit, an sie heranzukommen, hatte ich mich in den Tagen zuvor so intensiv mit Gudrun beschäftigt, daß sie mir viel näher war als ich ihr.

Ich hatte fast ein Gefühl, als würden wir uns schon ewig kennen, während ich ihr verständlicherweise ganz fremd war. Sie hatte mich ja nur jeweils kurz zur Kenntnis genommen und dann wieder vergessen.

Ich habe ähnliches immer wieder erlebt, und es geht mir auch heute noch manchmal so, daß ich einer Frau gegenüber, die mich bei einer ersten Begegnung beeindruckt hat, durch intensives An-sie-Denken eine Vertrautheit empfinde, die bei ihr Verblüffung auslöst, wenn wir uns wiedersehen. Aber heute verstehe ich mich selbst besser, und so kann ich mich daran freuen und darüber sprechen, während ich damals nicht ahnte, was in mir vorging; deshalb mußte

ich Gudrun mit meiner bereits vorhandenen Nähe zu nahe treten.
Bei unseren langen nächtlichen Gesprächen hatte ich einiges über Gudrun erfahren, das Wichtigste war jedoch, daß sie älter war als ich – und vor allem: sie hatte einen festen Freund. Das machte sie praktisch unerreichbar, und eigentlich hätte ich jeglichen Mut verlieren müssen.
Aber ich hatte es geschafft, dieser Frau Sympathie für mich zu entlocken, das verlieh mir Flügel.
Daß diese Flügel aus Wachs waren, mußte ich feststellen, als ich der Sonne zu nahe kam. Es waren etwa drei Wochen vergangen, und wir hatten uns ein paarmal wiedergesehen. Gudruns Freund, in dessen Appartement sie wohnte, war beruflich viel unterwegs, da gab es terminlich keine großen Schwierigkeiten und seelisch zunächst auch nicht. Ich war der hoffnungsvolle ›Neue‹ in ihrem Leben, und diesen Part zu spielen ist nun mal erfreulicher als den des ›Alten‹. Eines Nachts merkte ich dann plötzlich, daß das Glitzern in Gudruns Augen, das mich schon beim allerersten Eindruck beunruhigt hatte, tatsächlich ein Ausdruck von Entschlossenheit war. Als ich mich wieder einmal vor ihrer Haustüre artig verabschieden wollte, ergriff sie meine Hand und nahm mich wortlos mit nach oben. Sie war, auch das habe ich später erfahren müssen, überzeugt, daß ich in meinem Leben noch nie mit einer Frau geschlafen hätte und daß sie mir deshalb helfen müsse, meine Schüchternheit zu überwinden.
Ist es nicht eine grausame Geschichte, wenn man einerseits vor Glück bersten könnte und andererseits nicht mehr aus noch ein weiß vor Angst? Je selbstverständlicher und entschlossener sich Gudrun verhielt, indem sie das Bett aufschlug und sich auszukleiden

begann, desto quälender wurde die Vorstellung, durch ein unausweichliches sexuelles Versagen die endlich fast sichere Liebe dieser reifen und selbstbewußten Frau aufs Spiel zu setzen. Ich hätte aber genausoviel riskiert, wenn ich gekniffen hätte – also siegte schließlich meine Sehnsucht.

Da lag ich nun neben ihr, wollte begeistert sein von ihrer Nacktheit und war doch gemartert von dem Gedanken an die nicht programmierbare, viel zu schnell tickende Zeitbombe zwischen meinen Schenkeln.

Soweit, so schrecklich. Aber es kam noch schlimmer, denn plötzlich drückte mir Gudrun eine Tablette in die Hand, ein ›Schaumovulum‹, wie ich mich später informierte, sagte irgend etwas von Aufpassenmüssen und versuchte meiner offensichtlichen Ratlosigkeit abzuhelfen, indem sie meine Hand mit der Tablette zu ihrer Scheide führte und mich begreifen ließ, daß ich das Ding da wohl unterbringen müßte. Anstatt daß sie, die sich mit sich selbst am besten auskannte, das lästige ›Schaumovulum‹ selbst plaziert hätte, überließ sie diesen bedeutenden Akt mir, dem Mann. Und ich, der ich mich mit diesem geweihten Ort so gerne so zärtlich beschäftigt hätte, ich empfand ihre Scheide plötzlich als einen Schützengraben, in den es eine Abwehrwaffe zu installieren galt.

In meiner Aufregung, Angst und Unbeholfenheit machte ich alles falsch, was man nur falsch machen kann. Anstatt die Tablette zügig und tief in den Scheidengang einzuführen, preßte ich sie einfach zwischen die inneren Schamlippen – oh, diese Sprache –, wo sie auch gleich anfing, sich schäumend aufzulösen. Ich kann es begreiflicherweise nicht so recht beurteilen, aber das muß ganz schön unangenehm sein. So war es nur zu verständlich, daß Gudrun die Lust und die Hoffnung verlor, worüber ich in meiner Verzweiflung fast dankbar war. Resigniert schliefen wir schließlich ein.

Am nächsten Morgen mußte ich dann feststellen, daß ich mit Gudruns Liebenswürdigkeit nicht unbegrenzt rechnen konnte. Als wir aufwachten und uns beieinander fanden, starteten wir noch einen Versuch, doch ich war dermaßen verklemmt und verängstigt, daß sie meinte, jetzt lange ihr das Theater, ich solle mich gefälligst nicht so haben! Dann stand sie auf und kleidete sich an.

Es blieb mir keine Wahl, ich mußte ihr mit ungelenken Worten von meinem Konstruktionsfehler berichten. Ihre Säuernis geriet über einsetzendes Mitgefühl wieder langsam zur Liebenswürdigkeit. Wir blieben den ganzen Tag zusammen, gingen in den Isarauen spazieren und ließen die Spannung abklingen. Den Abend verbrachten wir im Kreise meiner Wohngemeinschaft, und als Gudrun sagte, sie würde gern bei mir übernachten, war meine Angst schon um vieles kleiner.

Natürlich brachte das Erlebnis dieser Nacht nicht die volle Erfüllung, vor allem für Gudrun nicht, aber dadurch, daß wir miteinander über meinen Kummer gesprochen hatten, war ein Teil des Drucks von mir gewichen. Der Samenerguß kam nicht gar so schnell und für sie auch nicht zu unerwartet. Wir konnten unsere Zärtlichkeit genießen ohne zu heftige Selbstvorwürfe meinerseits und Enttäuschung ihrerseits. Außerdem verlief unser Zusammensein dadurch harmonischer, daß wir kein ›Schaumovulum‹ zur Hand hatten.

Diese Verhütungsmethode wandten wir auch in Zukunft nicht mehr an. Wir verließen uns auf die Ausrechnung der bedenklichen Tage nach Knaus-Ogino und waren somit beteiligt an dem in jener Zeit besonders grassierenden Kalkulieren mit dem Zufall, das bedenklich viel gemein hatte mit dem sogenannten russischen Roulett.

Die moralischen Vorstellungen hatten sich deutlich zugunsten einer liberaleren Behandlung der Sexualität entwickelt. Besonders rigide Unzuchtsparagraphen des Strafrechts wie Kuppelei, Homosexualität und andere wurden diskutiert, nicht mehr strikt gehandhabt oder sogar abgeschafft. Die Außerehelichkeit hatte bezüglich sexueller Beziehungen in einem Maß an Bedeutung gewonnen – oder auch verloren –, daß es gang und gäbe war, entsprechende Zuneigung mehr oder weniger flugs in sexuelle Kontakte umzusetzen. Es war abzusehen, daß dieser moralischen Entwicklung bald eine medizinisch-chemische folgen würde, aber im Moment war sie noch nicht da: die Pille!

Ein gut organisierter Mann hatte Präservative bereit, besonders besorgte Frauen trugen solche schrecklichen Tabletten oder ähnliche Präparate mit sich herum. Aber wenn das eine und das andere nicht vorhanden war, dann rechnete die Frau entweder mit zweifelhafter Sicherheit aus, wie viele Tage seit der letzten Periode vergangen waren oder in wie vielen Tagen es soweit sein würde. Oder sie rechnete nicht und sagte dem Mann »Paß auf«; oder die Besorgnis ertrank im Sog der Lust, und das ängstliche Rechnen erfolgte erst nach dem Abklingen des Rausches.

Unter welchen Vorzeichen ein Geschlechtsverkehr auch immer stattfand, entscheidend ist, daß wir Männer damals noch ganz eindeutig an der Verantwortung teilhatten. Es kann keine Frage sein, daß die männliche Mitverantwortung nur eine kosmeti-

sche Korrektur war – und ist – an der Tatsache, daß es letzten Endes immer die Frau sein wird, die die Folgen einer Befruchtung zu tragen hat. Aber damals bot sich uns Männern nicht so einfach der Satz an »Das hättest du mir doch sagen müssen, daß ich aufpassen soll«, der heute in einer entsprechenden Situation ganz selbstverständlich wäre, weil wir uns daran gewöhnt haben, daß die Frauen für die Empfängnisverhütung alleine sorgen.
Die Teilverantwortlichkeit des Mannes nahm einer Frau in der Zeit vor der Pille natürlich nicht die Abhängigkeit von der Zuverlässigkeit eines Mannes, wenn sie gesagt hatte: »Paß auf!« Sie befreite sie auch nicht von der menschlichen Schwäche, im Augenblick allergrößter Sehnsucht nach allergrößter Nähe die Gefahr zu vergessen. Konnte sie wissen, ob ein Mann im entscheidenden Moment tatsächlich in der Lage war, seinen Orgasmus außerhalb der Gefahrenzone zu erleben? Konnte sie es sich selbst verübeln, wenn sie das Gefühl nicht ertragen wollte, daß da zwischen dem Mann und ihr ein trennendes, wenn auch noch so hauchdünnes Gummi war oder daß durch schäumende Chemie ein wichtiger Teil ihres Empfindungsvermögens abhanden kam?
Es war eine sorgenbeladene Zeit. In meinem Bekanntenkreis wurde so manche viel zu frühe Ehe geschlossen, mußte so manche Adresse im Inland und so manche Reise ins Ausland organisiert und eine illegale Abtreibung finanziert werden. Es ist noch heute ein himmelschreiender Skandal, mit welcher Unverfrorenheit Männer über den Körper und die Seele der Frau bestimmen, seien es nun Politiker, Pfarrer oder Ärzte, aber damals war es eben noch viel schlimmer.
An mir ging der Kelch zum Glück vorüber, aber

auch ich habe nicht nur einmal den bangen Zweifel durchlitten: Sind wir noch mal davongekommen oder nicht? Das war mir schon während meiner Zeit mit Beate passiert, doch damals gab es für mich keine Alternative zum Heiraten, insofern war ich relativ konfliktfrei. Mein Selbstverständnis als verantwortungsbewußter Mann hätte uns im Zusammenwirken mit Beates katholischen Erziehungsrestbeständen ganz sicher in eine sanktionierte Elternschaft getrieben. Aber es blieb, wie gesagt, nur bei den bangen Zweifeln, die sich dann irgendwann wieder auflösten und in den unbeirrbaren Entschluß mündeten, nie wieder solches zu rikieren. Nun ist es jedoch eine der zutreffendsten Weisheiten, daß der Geist zwar willig, das Fleisch aber schwach ist. Und so war man denn über kurz oder lang wieder mittendrin im russischen Roulett.

Auch mit Gudrun passierte es eines Tages. Sie erklärte mir mit gedrückter Stimme, daß ihre Periode schon seit mehr als einer Woche überfällig sei, und es begann die Zeit des gemeinsamen Bangens. Zuvor hatte sie schon über viele Tage ihre Befürchtung allein mit sich herumgetragen, und die Tatsache, daß sie mich in ihre Sorge einweihte, verhalf ihr sicherlich, wenn überhaupt, nur zu einer winzigen Erleichterung. In einer solchen Situation kann ein Mann nun mal nur eine schwache Hilfe sein, die Hauptlast bleibt der Frau.

Für Gudrun stand fest, daß sie im Falle einer Schwangerschaft abtreiben lassen würde. Das war eine Entscheidung, die ich nicht nur respektierte, sondern sogar begrüßte, denn der Gedanke ans Heiraten war mir längst nicht mehr so selbstverständlich wie zu Beates Zeiten. Aber woher, in Gottes Namen, hätte ich das Geld nehmen sollen? Rund tausend

Mark kostete damals eine Abtreibung, und das war für einen Studenten aus sparsamen Verhältnissen eine unerreichbare Summe. Was waren jedoch meine Sorgen gemessen an ihren? Wir litten jeder auf seine und sie gewiß auf schwerwiegendere Weise.
Doch es ging auch dieses Mal gut. Wir saßen abends in einer Kneipe und sprachen liebevoll, aber betrübt miteinander. Da sagte Gudrun wieder einmal: »Ich glaube, jetzt könnte es soweit sein . . .« – und diesmal war es wirklich soweit. Wir lagen uns glücklich in den Armen und betranken uns mit allergrößter Berechtigung.

Trotz der damals durchgestandenen Sorgen bin ich heute eigentlich froh, daß ich zu der Generation von Männern gehöre, die diese Zeit vor der Pille noch miterlebt hat. Wir, die wir solche Erfahrungen machen mußten, werden, wenn wir nur wollen, gefestigter in eine Zukunft blicken, in der sich die Frauen weigern werden, uns weiterhin durch das Schlucken von Chemikalien sämtliche Verantwortung abzunehmen.
Durch die Einführung der Pille gelang uns Männern ein Sturzflug mit weicher Landung im Nirwana. Aller Sorgen enthoben, konnten wir auf einmal nicht nur unsere Vorsichtsmaßregeln vergessen, wir konnten sogar noch davon profitieren, daß die Frauen sich des Teils ihrer Moral entledigten, der vorher die Angst vor einer Schwangerschaft bemäntelt hatte. Halleluja, die Gefahr war besiegt! Im Grunde wurde die Pille von Männern für Männer erfunden, es fiel aber der männlichen Wissenschaft keineswegs schwer, den Frauen klarzumachen, daß diese Erfindung nur ihrem Wohl diene. Sie waren ja auf einmal nicht mehr auf die Entschlußkraft des Partners beim

Coitus interruptus angewiesen, mußten sich nicht mehr mit Schaum oder Gummi in ihren Geschlechtern auseinandersetzen und hatten zur Krönung keinerlei Schwierigkeiten mit ungewollten Schwangerschaften.

Daß sich Frauen dabei durch die Veränderung ihres Hormonhaushalts um ihre körperliche und seelische Gesundheit bringen können und daß bei der ganzen Geschichte in der Hauptsache Vorteile für die Männer heraussprangen, war leicht mit wissenschaftlichem Geschwätz zu verkleistern, das den Eindruck vermittelte, daß beim Mann ähnliche Manipulationen seiner Fruchtbarkeit eben nicht möglich sind. Diesen Eindruck am Leben zu erhalten ist ein vitales Interesse nicht nur der Wissenschaftler, sondern aller Männer. Sie fürchten einen Generalangriff auf ihre heiligste Kuh, die Potenz, und der darf unter keinen Umständen auch nur ein Härchen gekrümmt werden.

Daß die Pille für die Frau als der Wissenschaft letzter Schluß angeboten wird, heißt also nicht unbedingt, daß die Pille für den Mann nicht schon längst entwickelt wäre. Aber was in den Labors entsteht, gelangt an die Allgemeinheit erst durch das feinmaschige Netz des Systems, und das ist fest in Männerhand. Aus China drang die Kunde zu uns, daß mit einer Männerpille experimentiert würde, und sie löste prompt eine heftige ›Nicht mit uns!‹-Reaktion aus. Auch aus weniger exotischen Gefilden sickern gelegentlich Gerüchte über die Existenz solcher Präparate. Aber während man die Pille trotz erkennbarer Nachteile auf die Frauen losließ, ist die Qualitätskontrolle bei entsprechenden Mitteln für den Mann offenbar wesentlich rigoroser. Kein Wunder, wo doch aus männlicher Sicht die Folgen hormoneller

Einwirkungen bei Frauen nur halb so tragisch sind wie bei Männern. Aber selbst wenn mit letzter Sicherheit eine direkte Beeinflussung der Potenz durch die Chemie ausgeschlossen werden könnte, hieße das noch lange nicht, daß die Männer bereit wären, die Pille zu schlucken.

Solange wir nicht die männliche Urangst vor dem sexuellen Versagen besiegt haben, wird uns die Seele immer wieder einen Strich durch die Rechnung machen. Sie hat eben tatsächlich einen immensen Einfluß auf unser anfälliges Organ, und wenn wir das überhaupt erkennen, dann neigen wir in unserer Empfindlichkeit dazu, uns nur vor ihren negativen Auswirkungen zu fürchten, anstatt uns ihre positiven Kräfte zunutze zu machen. Mit anderen Worten: Wir sehen eher die Möglichkeit, daß uns ein Zweifeln einen schlaffen Penis beschert, als daß uns ein Nichtzweifeln zur erwünschten Erektion verhelfen könnte.

So, wie es heutzutage mit uns Männern aussieht, müßte man uns die Pille unbemerkt in den Morgenkaffee schmuggeln, damit wir ja nicht daran denken müssen, sie könnte sich auf das Kernstück unserer Männlichkeit auswirken, erst dann wäre die Gefahr gebannt. Es wäre gut, wenn die Frauen für diese unsere Ängste Verständnis hätten, aber das sollte sie keineswegs dazu veranlassen, zuviel Rücksicht zu nehmen. Die Ungerechtigkeit der einseitigen Verhütungspflicht muß sich im Bewußtsein der Männer festsetzen, vielleicht verhalten sie sich dann endlich einmal sinnvoll als Kavaliere, vielleicht bringen sie es dann zustande, ihren männlichen Mut nicht nur in Autorennen, Schlägereien oder starken Worten zu beweisen, sondern durch das simple Schlucken der Pille – wenn sie endlich da ist!

Wenn ich heute an die Zeit mit Gudrun zurückdenke, bin ich eigentlich ziemlich erstaunt darüber, daß es mir trotz meiner unstabilen Seelenlage so wenig zu schaffen machte, daß da über unserer Verbindung wie ein Damoklesschwert jener ›feste Freund‹ schwebte. Irgendwie gelang es mir, seine Existenz zu akzeptieren. Obwohl ich, wie gesagt, in meiner Rolle als Liebhaber den leichteren Stand hatte, wäre es nur zu verständlich gewesen, wenn ich mich in tiefen Schmerzen ergangen hätte bei dem Gedanken, daß sie immer wieder mit ihm zusammen war. Welcher Mann teilt schon gern eine geliebte Frau mit einem anderen!

Gudrun hatte ihn längst eingeweiht, sie lehnte Geheimnistuerei ab und bewegte sich mit erstaunlicher Selbstverständlichkeit zwischen uns beiden. Eines Tages stellte sie uns sogar einander vor, und wenn wir uns auch begreiflicherweise nicht zu einer unbeschwerten Herzlichkeit durchringen konnten, so war doch ein gegenseitiger Respekt möglich.

Er war um einiges älter als ich und mochte sich vielleicht fragen, was denn seine Gudrun an diesem jungen Hupfer so anziehend fand, während mir instinktiv klar war, daß er ihr mit seiner ruhigen Ausstrahlung und seiner Beständigkeit einen stabilisierenden Ausgleich bot für ihre Ungebundenheit und Spontaneität. Es berührte mich damals ein erster Hauch der Erkenntnis, daß Liebe nicht unteilbar sein muß.

Eines Tages fiel es dann aber doch herab, das Damoklesschwert, und zerschnitt unsere Bande. Der andere litt offenbar doch mehr unter meinem Vorhandensein, als es zunächst den Anschein gehabt hatte. Das mochte auch mit der Ausdauer zu tun haben, mit der Gudrun und ich unser Verhältnis pflegten. Vielleicht hatte er zunächst gedacht, daß es sich nur um ein Strohfeuer handeln würde, dem man am besten mit Toleranz zum schnellen Verglühen verhalf. Als sich das Feuer jedoch beständig ausdehnte und langsam die Substanz seiner Beziehung zu bedrohen schien, sah er sich veranlaßt, Gudrun vor die Wahl zu stellen.

Bei dieser Entscheidung konnte kein Zweifel entstehen, daß ich auf der Strecke bleiben würde. Gudrun hatte es zwar genossen, angeseilt an eine sichere Basisbeziehung mit mir über die Klippen der Verliebtheit, der Verspieltheit und der verrückten Ideen zu turnen, als jedoch die Gefahr bestand, daß das Seil gekappt würde, mußte sie sich, dem anderen Teil ihres Wesens entsprechend, für die Geborgenheit der über Jahre gewachsenen Beziehung entscheiden.

Der Schmerz war riesengroß, als sie mir traurig, aber bestimmt eröffnete, daß unsere Zeit abgelaufen sei. Es war schwer zu fassen, daß nach kaum drei Monaten dieser so schönen Gemeinsamkeit alles plötzlich zu Ende war. Aber wir taten uns nicht gegenseitig unnötig weh, indem wir in einem verzögerten Trennungsprozeß unsere ineinandergewobenen Fäden auflösten, wir ließen zu, daß das Damoklesschwert ganze Arbeit leistete – mit einem sauberen Schnitt.

Glücklicherweise begannen gerade mal wieder Semesterferien, so konnte ich heim nach Tübingen flüchten, und von dort aus machte ich mich mit meinem Bruder auf die Reise nach Schweden, wo es mir dann nach und nach gelang, den Trennungsschmerz abzuschütteln.

Die Zeit mit Gudrun hatte nicht genügt, mich von meinem Sexualkomplex ganz zu kurieren. Wenn wir uns liebten, dann nahm das zwar immer häufiger den erwünschten Verlauf, aber wenn es mir gelang, nicht vor Gudrun zum Orgasmus zu kommen, so war es immer noch ein Erfolg und noch längst keine Selbstverständlichkeit. Nun, allein gelassen, glaubte ich mich wieder abhängig von einem sanften Gewöhnungsprozeß, bevor ich mit einer Frau so schlafen konnte, daß es ihr Erfüllung brachte. Und je länger ich zögerte, desto rapider baute sich mein wenigstens zum Teil wiederhergestelltes sexuelles Selbstbewußtsein wieder ab.

Man braucht kein Anhänger der Freudschen Lehre zu sein, um die Sexualität als ein sehr zentrales Moment der menschlichen Existenz zu begreifen, und das nicht nur, weil sie für die Fortpflanzung sorgt. Ich bin sogar überzeugt, daß sie *die* bewegende Kraft überhaupt ist. Im Großen wie im Kleinen. Im Guten wie im Bösen.

Die Reaktionen eines Mannes auf persönliche Schwierigkeiten mit der Sexualität sind natürlich individuell sehr verschieden, trotzdem glaube ich, daß man drei Grundtypen feststellen kann. Da gibt es den Mann, der seine Sexualprobleme als so übermächtig erlebt, daß er jeglichen Widerstand aufgibt und mit gebrochenem Rückgrat, für alle Welt sichtbar, buckelnd und verklemmt durchs Leben huscht.

Dann gibt es den Mann, der die Herausforderung beiseite drückt, der seine Komplexe sublimiert, indem er sich einer Lebensbetrachtung hingibt, in der Sexualität überflüssig, wenn nicht gar verderblich ist. Diese Lebensbetrachtung kann er im strengen Glauben finden, in der Einsiedelei oder durch sonstige Abkehr von allem Weltlichen. Er kann sie aber auch finden, indem er Lust und Liebe bei andern durchaus akzeptiert, für sich selbst jedoch als erledigt ansieht. Er glaubt, so was nicht mehr nötig zu haben, und verinnerlicht die Rolle des nie gefährdeten, nie gefährlichen neutralen Menschen, den die

Tatsache, daß er über eindeutige Geschlechtsmerkmale verfügt, nicht weiter beunruhigt. Deutliche Ansätze in Richtung dieser Kategorie waren bei mir vorhanden in der Zeit vor meiner Entjungferung und auch danach immer wieder.

Aber in der Hauptsache muß ich mich wohl eher zur dritten Kategorie von Männern zählen, die auf die Herausforderung nicht bewältigter Sexualität mit Ersatzanstrengungen antworten, und das ist sicherlich die am weitesten verbreitete Spezies. Kein Wunder, denn für sie bietet unsere Gesellschaft vorzügliche Alibis an. Ob ein Mann nun seinen Frust in der Liebe dadurch ausgleicht, daß er eine Position als Bankdirektor, Parteifunktionär, Spitzensportler, Chefarzt oder was immer anstrebt, es wird nicht nur als normal angesehen, sondern auch noch mit Bewunderung belohnt, daß er konsequent für seine Karriere arbeitet.

Das heißt nun nicht, daß ich allen Männern, die Karriere machen, sexuelle Schwierigkeiten unterstellen will; dazu gibt es zu viele andere gesellschaftliche Gründe, die uns zum Erfolg verurteilen. Aber erlauben Sie sich doch spaßeshalber einmal das Spielchen, sich Männer der politischen, wissenschaftlichen oder wirtschaftlichen Prominenz, die im Fernsehen zu Wort und Auftritt kommen, beim Liebesakt vorzustellen. Ohne ein Gefühl der Peinlichkeit oder der Schadenfreude wird Ihnen das wohl nur bei einer Minderheit gelingen. Natürlich sagt das nichts Verbindliches über das tatsächliche Verhalten solcher Männer aus, aber es sollte vielleicht doch zu denken geben, daß man sich bei ihnen ein liebevolles, entspanntes Menschsein beim Geschlechtsverkehr so selten vorstellen kann.

Sicher gibt es Männer, die sich trotz ihres ungünstigen Erscheinungsbildes als zärtliche, mit sich selbst und der Frau übereinstimmende Liebhaber entpuppen, und ebenso wird sich mancher Mann, der zunächst recht vielversprechend wirkt, dann doch als große Enttäuschung erweisen. Ich will das also nicht allzu eng sehen, aber ich glaube doch, daß ein gestörtes Verhältnis zur Sexualtität die Karriere eines Mannes durchaus fördern kann, während es seine Ausstrahlung bremst.

Bei mir wirkte sich mein verworrenes Innenleben zunächst dahingehend aus, daß ich nach außen hin ein betont forsches Verhalten zeigte. Ich war eitel und versuchte auf jede erdenkliche Weise in den Mittelpunkt zu geraten, wollte anders als die andern sein, hatte immer den Schnabel offen und machte mich zum Clown, bloß um beachtet und beliebt zu sein. Das gelang mir auch in einem gewissen Maß, aber ich mußte mich auch oft mit dem Vorwurf der Arroganz auseinandersetzen. Das war nicht erstaunlich, denn wenn innere Unsicherheit durch betont selbstbewußtes Auftreten verdeckt werden soll, entsteht leicht der Eindruck der Überheblichkeit. Ich empfinde deshalb heute arroganten Menschen gegenüber eher Mitgefühl als Ablehnung.

Mein forsches Auftreten hatte im Bereich des Studiums konkrete Auswirkungen auf den weiteren Verlauf meines Lebens. Für die Theaterwissenschaft war nur ein einziger Professor zuständig, ihm war jeder von uns auf Gedeih und Verderb ausgeliefert. Um so schlimmer war es, daß ich mit ihm nicht zurechtkam.

Nicht, daß ich ihn nicht gemocht hätte, wir verstanden uns auf eine gewisse Weise sogar gut, denn wir waren uns gar nicht so unähnlich. Außer hinter wissenschaftlichem Gepränge verbarg nämlich auch er seine offenkundige Unsicherheit hinter beißender, manchmal sogar witziger Ironie. Es gab zwischen uns in ansonsten staubtrockenen Seminarsitzungen so manchen Dialog, der mit dem Stoff wenig zu tun hatte und unter den Studenten verhaltenes Gelächter auslöste.

Ich glaube auch, daß er mich mochte, doch da sein Blick für das, was hinter der Fassade in einem Menschen vorging, anscheinend getrübt war, nahm er mein vermeintlich extrovertiertes, selbstgefälliges Benehmen zum Anlaß, mir aus ›pädagogischen Gründen‹ immer wieder Dämpfer zu versetzen. Dabei sehnte ich mich doch so nach einer Bestätigung, daß ich, wennschon nicht der Weiblichkeit gegenüber, so doch wenigstens im Studium meinen Mann stehen konnte.

Bis zu einem gewissen Grad konnte ich die Kraft aufbringen, die Herausforderung des Professors anzunehmen und mit besonderen Anstrengungen zu erwidern, schließlich hatte ich allen Grund, meiner mangelnden sexuellen Potenz eine andere entgegenzusetzen. Aber irgendwann ließ diese Kraft langsam nach. Ich verlor immer mehr den Mut und die Lust, akademische Ehren zu erkämpfen.

Es war die Vernunft, die mir sagte, du brauchst einen Abschluß, es war die Angst, meine Mutter zu enttäuschen und mit einem zusätzlichen Versagerkomplex fertig werden zu müssen, was mich bei der Stange hielt. Und es sollte ein langer und schmerzensreicher Kampf werden, bis ich den Absprung endlich schaffte.

Je mehr mir die Karriere als Akademiker entglitt, desto wichtiger wurde es für mich, mein zwischengeschlechtliches Erfolgsdefizit auszugleichen, indem ich andere Teile meiner Begabung forcierte, an die ich glauben mußte, um nicht gänzlich unterzugehen. Ein günstiges Gelände für Ersatzbefriedigungsübungen war nach wie vor die Jazzerei. Es tat eben unwahrscheinlich gut, mit einer Band auf einem Jazzfestival den ersten Platz zu belegen, war dieses Festival auch noch so unbedeutend; es tat gut, mit immer anerkannteren Musikern zusammen zu spielen und langsam, aber stetig in der Hierarchie der Jazzszene hochzuklettern.

Außerdem engagierte ich mich an der Studiobühne der Universität, erst als Kulissenschieber, dann als Schauspieler, später als Regisseur und zuletzt als Vorstandsmitglied. Das vermittelte den deftigen Geschmack von Praxis, was es mir erleichterte, auf die theoretischen Blähungen der Wissenschaft herabzublicken.

Zu immer größerer Bedeutung geriet aber eine andere Betätigung, zu der ich schon während meiner Zeit mit Beate den Grundstock gelegt hatte. Es war bezeichnenderweise ein Erlebnis mit einer Frau gewesen, das mich dazu bewog, den ersten Song meines Lebens zu schreiben. Ich hatte schon vorher immer mal wieder bei geselligen Anlässen Lieder zur Gitarre vorgetragen, die ich irgendwann auf einer Platte gehört und zu singen gelernt hatte. Als es dann zu dem besagten Erlebnis kam, dachte ich, es sei so gewichtig und so wert, der ganzen Welt verkündet zu werden, daß ich beschloß, dies in Form eines Songs zu tun.

Ich setzte mich also hin und erfuhr erstmals, was es heißt, einen Stift nicht nur einfach aufs Papier zu setzen, um einen verbindlichen Brief, ein Referat, eine private Tagebuchnotiz oder eine profane Quittung zu schreiben. Es ging erstmals um ein unvergängliches Kunstwerk.

Der Anlaß hieß Lorle und war eine Freundin von Beate, aber auch eine Freundin von einem Musiker, mit dem ich eines Abends auf einem Faschingsball spielte, und so kam es, daß wir dort zusammentrafen.
Ich habe kürzlich einen dummen Witz gehört, über den ich gar nicht so recht lachen konnte, obwohl oder gerade weil er im Kern genau das Verhalten mancher Frauen trifft. Eine Frau fragt eine Freundin, als was sie denn zum Faschingsball gehe. Sie sagt: »Als Bazille!« und löst damit ein großes Fragezeichen aus. »Ja«, erklärt sie, »ich steck' die Männer an, mach' sie richtig fiebrig, und dann huste ich ihnen was!«
Ähnliches mußte Lorle im Sinn haben, als sie an jenem Abend mit mir flirtete, mich während einer Spielpause, in der Musik aus der Konserve ertönte, zum Tanzen aufforderte und sich auf angenehme Weise an mich drängelte. Sicher machte ich das gerne mit, sicher werde auch ich meinen Teil zum Flirt beigesteuert haben, aber den Anlaß, mir ›was zu husten‹, den gab ich ihr gewiß nicht. Lorles Verbindung zu Beate und die Tatsache, daß sie als Freundin eines Freundes sowieso tabu war, hätte mich im Verein mit meiner Angst vor einem engeren Kontakt gar nicht auf den Gedanken kommen lassen, ihr zu nahe treten zu wollen.
Den Hustenanfall bekam sie dann am nächsten Tag, wie ich einem empörten Anruf Beates entnehmen konnte, die mir brühwarm das unter Freundinnen ausgetauschte Geheimnis unter die Nase rieb, daß ich mich ja wohl auf diesem Fest gegenüber Lorle wie ein brünstiger Eber verhalten habe. Klar, daß mir bei dieser Art von Geschichtsverfälschung die Spucke wegblieb! Um sie wieder zurückzuholen,

schrieb ich also meinen ersten Text mit dem Titel ›Protestlied gegen die Weiber‹, in dem ich den Sachverhalt wütend zurechtrückte. Ich konnte mich gerade noch zu einem versöhnlichen Schlenker überwinden: »Wenn die Einstellung dazu eine richtige ist, kann man auch saure Äpfel genießen!« Kein Zweifel, daß ich mit diesem Satz in erster Linie mich selbst trösten wollte.

Diesem ersten Song waren in lockerer Folge aus Anlässen oder Anwandlungen ein paar weitere gefolgt, aber zum konsequenten Ausbau dieser Strecke trieb es mich erst, als mit der Zunahme meiner Schwierigkeiten meine Profilneurose immer prächtiger erblühte. Theater und Jazz genügten mir nicht mehr. Ich mußte auch noch als singender Poet an die Öffentlichkeit.

Also wagte ich mich eines Abends mit meiner Gitarre ins ›Song Parnaß‹, eine Kneipe, in der sogenannte Kleinkunst geboten wurde. Ich trug ein paar meiner Lieder vor und erhielt dafür ein bißchen Applaus, ein Freibier und die Aufforderung, doch gelegentlich mal wieder vorbeizukommen. Ich nahm dankbar an und trat von nun an öfter dort auf. Mit meinen eher anspruchslosen Songs voll knatternder Komik gelang es mir, mich nach und nach ins Herz des Publikums zu singen. Ich schrieb fleißig neue Lieder und bekam immer bessere Auftrittszeiten. Im Laufe der nächsten Jahre schaffte ich es, dort so was wie ein Lokalmatador zu werden, mit allen Vor- und Nachteilen. Aber ich sah natürlich nur die Vorteile. Popularität tat meinem lädierten Ego gut, ich trank sie in vollen Zügen und liebäugelte bereits mit einer steilen Karriere.

Ich lernte Margot kennen bei der Vorbesprechung zu einem Fernsehprojekt, das sich ein gemeinsamer Freund ausgedacht hatte. Es sollte eine Musiksendung werden mit Künstlern der Münchner Szene, und ich war sehr glücklich, daran beteiligt zu sein. Auch Margot war dabei als singende Schauspielerin, und die Aussicht auf ein gemeinsames Arbeiten mit ihr machte mich ziemlich nervös. Ich war sehr beeindruckt von ihr, doch ihre selbstbewußte Art ließ mir in meiner Unsicherheit keine Wahl: ich mußte sie arrogant und deshalb uninteressant finden. Diese künstliche Abneigung hielt ich allerding nicht lange durch. Als das Projekt tatsächlich verwirklicht wurde, gab es schon keinen Zweifel mehr, daß meine Zuneigung in beängstigendem Maße wuchs.
Die Fernsehproduktion fand in Baden-Baden statt, wo wir uns eine ganze Woche aufhielten. Wir probten tagsüber und gingen abends fast immer alle zusammen irgendwo zum Essen, bevor wir uns im gemeinsamen Hotel im gemeinsamen Stockwerk gute Nacht sagten. Daß ich mich mehr und mehr zu Margot hingezogen fühlte, war schon schwer genug zu ertragen, aber meine Bedrängnis nahm noch zu, als ich deutliche Anzeichen zu erkennen glaubte, daß auch Margot ein mehr als nur kollegiales Interesse an mir entwickelte.
Ich erinnere mich mit Schaudern an jenen späten Abend, an dem ich noch mit ihr bei Julius und Dodo im Hotelzimmer saß. Wir tranken Wein und alberten herum. Julius war ein Satiriker der härtesten Sorte, er schrieb höchst makabre Texte, die er zum Entsetzen und Ergötzen der Leute mit seiner Frau Dodo im ›Song Parnaß‹ vortrug. Die Anwesenheit der beiden bei dieser Produktion war nur dem Umstand zu verdanken, daß sie außer ihren ätzenden

Werken auch schöne, harmlose Jazzballaden vortrugen; das ließ eine vertretbare Mischung zu. Aber im privaten Beisammensein, spät beim Wein in einem Hotelzimmer, hatte der Konversationsstil nichts Balladenhaftes. Julius ließ sich mit gewohntem Sarkasmus darüber aus, was zwischen Männern und Weibern für unsinnige Verzögerungen ablaufen, bevor sie miteinander ins Bett steigen. Wenn man feststellte, daß man geil sei, müsse man eben auch bumsen. So einfach war das!

Da hatte er bei mir natürlich den Richtigen erwischt. Ich fürchtete, daß er genau wußte, was zwischen mir und Margot am Brodeln war, und hatte Angst, es könne ihm irgendwann der furchtbare Satz entweichen: »So, und nun macht endlich, daß ihr euch bespringt!« Der Satz kam Gott sei Dank nicht, aber ich litt auch so genug, denn Julius fand ungeteilte Zustimmung bei den beiden Frauen.

Ich stellte bei Margot eine Unkompliziertheit fest, die mich eigentlich hätte freuen müssen, aber so, wie ich war, bewirkte sie nur noch größere Verklemmung. Mein zaghafter Hinweis auf höhere Werte der körperlichen Liebe ging in brüllendem Gelächter unter. Nur Margot hielt sich bei ihrer Reaktion etwas zurück, als ahnte sie, was für eine Unsicherheit in mir wütete.

Das hielt sie jedoch nicht davon ab, sich mit einer deutlichen Anspielung auf einen weitergehenden Kontakt in dieser Nacht von mir zu verabschieden, als wir uns auf unsere Zimmer begaben, die sich auf dem Flur gegenüber lagen.

Es war Anfang Februar, und ich trug, halb als Gag, halb aus Vorsorge gegen Erkältungsattacken, solide lange Unterhosen, die ich von einem alten Onkel geerbt hatte. Das war in der Truppe bekannt, seitdem

ich die damit verbundene Komik im Garderobenraum des Studios gerne zur Wirkung hatte kommen lassen. Margot sagte also nicht nur einfach: »Gute Nacht, mach's gut, bis morgen . . .«, sondern sie sprach etwas von meiner langen Unterhose, die sie eigentlich auch einmal interessieren würde. Dann erst wandte sie sich mit gar nicht vornehmem Lächeln zum Gehen und verschwand in ihrer Kemenate.
Zum Teufel, wie konnte sie so was sagen! Völlig aufgewühlt hastete ich in mein Zimmer und ließ meine Gedanken rotieren, während ich mich eiligst auszog und wusch. Hieß das nun, daß sie eventuell gleich an meine Türe klopfen würde? Immerhin war sie ja bemerkenswert unkompliziert. Oder war das eine klare Aufforderung gewesen, meinerseits den Flur zu überqueren? Vielleicht war es auch nur ein flapsiger Scherz gewesen ohne irgendeine Absicht dahinter.
Angetan nur noch mit der Sehenswürdigkeit der langen Unterhose, ging ich im Zimmer auf und ab wie ein Tiger, der nicht weiß, ob er nun kurz davor ist, gefüttert zu werden, oder ob er ausbrechen soll, um den Wärter zu fressen. Ich wusch mich noch einmal und überprüfte im Spiegel mein Gesicht auf den geeignetsten Ausdruck. Sollte er lieber verwegen, gelassen oder ergriffen sein? Ich legte mir die ansprechendste Frisur zurecht und schnupperte unter meinen Achseln. Es war wie eine Vorbereitungszeremonie auf die klassische Hochzeitsnacht.
Dann riß ich mich abrupt los von meinem Spiegelbild und öffnete entschlossen die Tür. Doch plötzlich fiel mein Blick auf meine gewölbte Sehenswürdigkeit. Nein, mit hochgestellter Lanze konnte ich nicht zur Audienz erscheinen. Also drehte ich weitere Runden in meiner Zelle und besprach die unge-

stüme Erektion, bis sie tatsächlich in sich zusammensank. Nun war ich salonfähig und konnte zur Not so tun, als wollte ich wirklich nur mein eindrucksvolles Beinkleid vorführen.

Ich schlich auf Zehenspitzen über den Korridor hinüber zu Margots Zimmer. Ihr Licht brannte noch. Ich bückte mich, um durch das Schlüsselloch Informatives zu erhaschen, aber leider starrte ich nur auf einen Heizkörper. Margots Körper lag außerhalb des Sichtwinkels, und damit auch ihr Gesicht, das mir Sehnsucht hätte verraten können oder Desinteresse. Die Angst trieb mich in meine Zelle zurück, wo ich hoffnungslos ins Bett sackte, mir einen heftigen Orgasmus herbeionanierte und völlig erledigt einschlief.

Margot hat mir später erzählt, daß es ihr in jener Nacht nicht sehr viel anders ging als mir, nur daß sich für sie der Konflikt logischerweise wieder einmal umgekehrt darstellte. Auch sie hoffte sehnlichst auf mein Erscheinen, auch sie war auf dem Sprung, den trennenden Flur zu überqueren, aber sie hatte Bedenken, mich durch ihr Angreifen zu verunsichern, sie wollte den eigentlichen Schritt aus Rücksicht lieber mir überlassen. Da war es also wieder wirkungsvoll vorbeigehuscht, das Gespenst der Initiative. Wie recht hatte doch der gute Julius!

Als wir drei Tage später im Zug nach München zurückfuhren, setzten wir uns beide von den andern ab und befanden uns – ich weiß nicht, wie – plötzlich in einem Abteil allein. Es war hellichter Tag, und trotzdem zogen wir die Sitze zu einer Liegestatt zusammen, schlossen die schütteren Bundesbahnvorhänge und begaben uns ins paradiesische Abseits. Wir drängelten und schmusten und kamen uns auch sonst näher. Als wir uns für den nächsten Tag bei mir verabredeten, stand mein Entschluß bereits fest, daß ich eine sexuelle Niederlage in Kauf nehmen wollte. Ich liebte Margot und hatte Grund zu hoffen, daß auch sie mich liebte.

Auch Margot war überzeugt, daß ich noch nie mit einer Frau geschlafen hätte, und sie kam mit der Absicht, mich zu diesem unbekannten Genuß zu bekehren. Auf welch offene Türen sie dabei stoßen würde, konnte sie nicht ahnen. Wir trafen aufeinander wie Brausepulver und Wasser. Was da zwischen uns passierte, war ein Paradebeispiel für geteilte Initiative. Margot sagte praktisch parallel zu meiner tapferen Äußerung, daß wir jetzt eigentlich ... »nun zeig mir doch endlich mal deine« ... miteinander ... »lange Unter-« ... schlafen ... »-hose« ... sollten. Dann lagen wir beieinander, und das Wunder geschah! Die Rettung erfolgte genauso schnell wie der Sturz ins Verderben.
Während mir eine Frau damals gesagt hatte: »Das kannst du mit mir nicht machen«, sagte mir nun eine Frau bei dem gleichen Tatbestand des vorzeitigen Samenergusses: »Endlich ein Mann, der nicht meint, mich zu Tode rammeln zu müssen!« Und sie drückte mich dabei liebevoll an sich. Wie zerronnen, so gewonnen – ich war geheilt! Nie zuvor habe ich so selig nach einem Orgasmus neben einer Frau gelegen. Ich konnte mich ohne schlechtes Gewissen meiner zärtlichen Zuneigung zu Margot hingeben.
In diesem neuen Glücksgefühl hatte ich keine Veranlassung, mich so zu verhalten, wie es uns Männern so oft passiert, sei es aus Verlegenheit oder weil wir unterbewußt davon ausgehen, daß das Abschlaffen des Penis auch das Abschlaffen der Gefühle bedeutet. Nichts wäre mir weniger in den Sinn gekommen,

als sofort zur Zigarette zu greifen, mich auf die Seite zu rollen, um mich meiner Erschöpfung hinzugeben, oder aufzustehen, um ein Bier aus dem Kühlschrank zu holen. Das einzige, was langsam erschlaffte, war mein Glied, und dagegen ist nun mal kein Kraut gewachsen, aber sonst blieb alles ganz wach und ganz intensiv.

Ich will das weder bei mir selbst noch überhaupt bei Männern als einen Ausnahmezustand hinstellen, der nur unter so außerordentlichen Bedingungen vorkommt, wie ich sie in diesem Moment erlebte. Im Gegenteil, es könnte und sollte ganz normal sein, daß wir Männer uns nach einem Orgasmus genauso fühlen und verhalten, wie es nach der geltenden Sexuallehre den Frauen vorbehalten zu sein scheint.

In diesem Zusammenhang fällt mir Oswald Kolle ein, der in den Endsechzigerjahren einige Bewegung in die Schlafzimmer und in die Diskussion des Sexualverhaltens bundesdeutscher Paare brachte. Er schrieb damals eine vielbeachtete Aufklärungsserie in einer populären Zeitschrift und hatte damit eine Breitenwirkung, die diesem Thema vorher wohl kaum einmal vergönnt war. Bei dem, was er schrieb, war viel Schrott dabei, Pseudowissenschaftliches und übers Knie gebrochene Lösungsvorschläge für festgefahrene Beziehungen, aber er leistete Verdienstvolles, indem er diese Festgefahrenheit, das beamtenhafte Liebesverhalten vor allem der Männer ins Bewußtsein und ins Gerede brachte.

Dieser Oswald Kolle schrieb über die große Bedeutung des Vor- und Nachspiels, und er machte sich dabei deutlich zum Fürsprecher der Frauen, indem er den Männern dringlichst empfahl, auf die diesbezüglichen weiblichen Bedürfnisse Rücksicht zu nehmen.

Das war gewiß ein wichtiger Gesichtspunkt, und ich kann mir vorstellen, daß dieser Aufklärungskreuzritter so mancher Frau ihr Recht auf Zärtlichkeit vor und nach dem Koitus bewußt machte. Auch so mancher Mann mag es gelernt haben, dieses Recht zu akzeptieren und danach zu handeln. Das Bedenkliche war nur, daß das Vor- und Nachspiel den Charakter einer Verhaltensregel bekam oder gar zu einem taktischen Mittel wurde, mit dem ein Mann eine Frau besonders glücklich machen kann. Die Zärtlichkeit geriet in die Nähe einer technischen Disziplin, deren Beherrschung den perfekten Liebhaber ausmacht.
Es war sicher lobenswert, daß sich Oswald Kolle um die Gefühle der Frauen sorgte – aber wo blieben die Gefühle des Mannes? Die männliche Rolle blieb bei seiner Sicht der Dinge wieder einmal reduziert auf die Fähigkeit, sich kontrolliert zu verhalten. Er sollte als liebevoller Kavalier vorher seinen Trieb zügeln und nachher sein Bedürfnis nach einem Schluck Bier, einer Zigarette oder nach Einpennen.
Man kann über Oswald Kolles Behandlung dieses Aspekts denken, wie man will – die Tatsache, daß die Möglichkeit oder Notwendigkeit eines Vor- und Nachspiels beim Liebesakt überhaupt einer so ausführlichen Erwähnung bedurfte, wirft ein trauriges Licht auf das männliche Sexualverhalten sicher nicht nur jener Zeit. Aus Amerika stammt das geflügelte Wort »Bam, bam, thanks Mam!«, mit dem Frauen das gefühllose Vorgehen der Männer beim Geschlechtsverkehr anprangern; wir scherzten früher »Rein, raus, rein, raus, fertig ist der kleine Klaus!«, ohne uns des traurigen Hintergrunds dieses Spruches bewußt zu sein. Aber bei einer derart verkümmerten Dramaturgie des Geschlechtsverkehrs blei-

ben nicht nur die Gefühle der Frau auf der Strecke, sondern auch die des Mannes.
Das Bedürfnis nach Zärtlichkeit ist in jedem Menschen vorhanden. Bei einer Frau gilt dieses Bedürfnis jedoch als ein ganz natürlicher Bestandteil ihres Wesens, während es beim Mann zu einem ständigen Konflikt zwischen Männlichkeit und Menschlichkeit führen kann. Mag das Geben von Zärtlichkeit noch einigermaßen zu seinem Selbstverständnis passen, beim Nehmen von Zärtlichkeit wird es kritisch. Aber ob nun genommen oder gegeben – mit den sonstigen Merkmalen eines männlichen Mannes verträgt sich die Zärtlichkeit nun mal nicht besonders gut.
Es ist fast rührend, Männer zu beobachten, die am Bahnhof oder am Flughafen ihre Frauen, Mütter, Schwestern oder Freundinnen abholen und denen man die Verlegenheit ansieht, mit der sie ein dringend erwartetes Begrüßungsküßchen nicht verweigern können oder mit der sie eine unausweichliche Umarmung parieren.
Daß das Bedürfnis nach Zärtlichkeit jedoch nicht so leicht auszurotten ist, kann man immer wieder bei ansonsten ausgesprochen ›harten‹ Männern erleben, die sich sehr liebevoll mit Kindern, Katzen oder Hunden beschäftigen. Da darf nach Herzenslust gestreichelt, gekost und Nettes gesagt werden, ohne daß die Gefahr besteht, daß eine Schwäche erkannt oder gar ausgenützt werden könnte. Und die Männer, die es tatsächlich geschafft haben, auch solche letzten Zärtlichkeitsventile in Richtung lebendiger Wesen zu verschließen, die allenfalls noch in der Lage sind, sich liebevoll mit ihrem Motorrad oder ihrer Fotoausrüstung zu beschäftigen, die haben, glaube ich, unser tiefes Bedauern verdient.

Wenn sich einem Mann der absolute Wert der Zärtlichkeit erschließt, wenn er sie nicht nur als Futtermittel für die hungrige Seele der Frau begreift und wenn er sich dadurch die Möglichkeit schafft zu erleben, daß es genauso schön ist, Zärtlichkeit zu nehmen wie zu geben, dann wird er auf ein Vor- und Nachspiel gar nicht mehr verzichten wollen.
Wenn die Frauen es so sehen könnten und deshalb ihren Wunsch nach Zärtlichkeit nicht bittend, anklagend oder gar nicht äußern würden, sondern selbstbewußt, könnten sie sicher manchem Liebhaber helfen, sich so zu verhalten, wie er es eigentlich ja auch will. Es ist eine schöne Vorstellung: Durch die Angleichung der Bedürfnisse von Mann und Frau während des Vorspiels wäre die Verteilung der Orgasmen wesentlich ausgewogener, das sicherlich unbestreitbare Ideal des gemeinsamen Höhepunkts wäre leichter zu erreichen, und auch die sprudelnde Frustrationsquelle des zu kurz kommenden Nachspiels würde versanden. Warum sollte ein Mann, der die Zärtlichkeit lieben gelernt hat, ihr Ende kommen sehen, wenn er ein paar Gramm Samen ausgestoßen hat. Diese häßlichen Worte ›Vorspiel‹ und ›Nachspiel‹ würden sich als das herausstellen, was sie sind: als Kunstworte!

Lassen Sie mich noch zu einer anderen Künstlichkeit etwas sagen, die sich die Sexualforscher haben einfallen lassen: Das Geschwätz vom Unterschied zwischen männlicher und weiblicher Orgasmuskurve, deren graphische Darstellung einem in unzähligen sexualkundlichen Abhandlungen ins Auge springt, sollten wir alle, Männer wie Frauen, ganz schnell vergessen. Allein die Vielfalt der unterschiedlichsten Orgasmen, die ich selbst erlebe, spricht der Schematisierung hohn, die von der Sexualwissenschaft als verbindlich verkauft wird. Ich zitiere noch einmal aus der Gebrauchsanleitung für meine ›Longtime-Männercreme‹: »Während die weibliche Kurve nur langsam ansteigt, um dann sanft abzuklingen, nimmt die männliche einen jäh steigenden Verlauf, um dann steil abzufallen.«

Verbindlich kann ich natürlich nur für mich selbst sprechen, aber da ich keinen Anlaß sehe, mich für einen Sonderfall zu halten, muß ich davon ausgehen, daß es anderen Männern genauso geht wie mir oder daß es zumindest allen Männern möglich ist, aus diesem Schema herauszukommen. Je mehr ein Mann imstande ist, sich seinem Gefühl und seiner eigentlichen Natur zu öffnen, je mehr er bereit ist, sich gänzlich hinzugeben, desto eher wird er eine Orgasmuskurve erleben können, wie sie der Frau zugesprochen wird, und die verläuft ja eigentlich viel schöner.

Gegen Worte wie ›jäh‹ und ›steil‹ wehre ich mich ganz entschieden, weil sie uns Männer um einen ganz beträchtlichen Teil des Genusses bringen. Das betrifft nicht etwa nur den ›steigenden Verlauf‹, sondern auch das ›Abfallen‹. Ebenso, wie es möglich ist, sich langsam, aber stetig auf den Höhepunkt zuzubewegen, ist es auch nicht zwingend, vom erreichten Höhepunkt schlagartig herunterzupurzeln. Wenn ein Mann den Geschlechtsverkehr nicht nur als notwendiges Mittel zur Triebbefriedigung begreift, sondern als Gesamtkunstwerk aus Lust und Zärtlichkeit, als prachtvolle Mischung aus organischen und seelischen Vorgängen, wird er der Diskussion über die unterschiedlichen Orgasmuskurven keinen Stoff mehr liefern.

Aber auch anhand wesentlich profanerer Gründe

läßt sich das Märchen von der Schema-F-Kurve ad absurdum führen. Das Orgasmuserlebnis kann zum Beispiel ganz entscheidend beeinflußt werden durch die Zeit, die seit dem letzten Samenerguß vergangen ist. Wenn ich mich nach wochenlanger Abstinenz plötzlich in den Armen einer nackten Frau wiederfinde, werde ich wahrscheinlich ganz anders zum Höhepunkt gelangen, als wenn das letzte Ereignis einen Tag zuvor stattgefunden hat. Ganz zu schweigen von einem zweiten oder dritten Orgasmus bei einem ausgiebigen Liebesgenuß – da gleicht einer dem anderen recht selten aufs Haar.
Eine weitere Quelle des erfreulichen ›Kurvenreichtums‹ liegt in der Unterschiedlichkeit der Positionen und Praktiken beim Geschlechtsverkehr. Ein Orgasmus, der mich in der sogenannten Missionarsstellung überkommt, kann sich erheblich unterscheiden von einem, den ich erlebe, wenn mir eine Frau ihre Rückansicht bietet, geschweige denn von einem, der mich verzehrt, wenn er mit dem Mund gemacht ist. Über die körperlich bedingten Empfindungsunterschiede hinaus hat auch die Seele einen beträchtlichen Einfluß durch das mehr oder weniger bewußte Erleben von Gewöhnlichem oder Besonderem, von ständig Gebotenem oder sehnlich Herbeigewünschtem. Die von der Wissenschaft zum Maßstab erhobene vorn und hinten steile Orgasmuskurve des Mannes mag, statistisch gesehen, eine große Bedeutung haben – das wäre nur logisch, da ja auch die Männer, die mit ihren Gefühlen nicht zurechtkommen, weit überwiegen. Das heißt aber noch lange nicht, daß man aus dem einen wie aus dem anderen eine Naturgesetzlichkeit ableiten darf, die uns schon in der Theorie der Möglichkeit beraubt, uns zu verändern. Wie sollen wir es dann erst in der Praxis schaffen?

Als Mann steht es mir nicht an, über das weibliche Orgasmuserlebnis zu referieren, ich will Ihnen nur meinen subjektiven Eindruck vermitteln, den ich aus meinen Erfahrungen mit Frauen gewonnen habe, und ich tue das, weil ich es für unser gegenseitiges Verständnis für wichtig halte. Ich glaube in der Tat festgestellt zu haben, daß eine sanft auf- und wieder absteigende Orgasmuskurve der Regelfall ist, und das ist ja im Prinzip sehr zu begrüßen, denn sie bietet meines Erachtens das intensivere Erleben dieses wunderschönen Augenblicks. Und doch glaube ich, daß auch die Frauen sich eine Vielzahl möglicher Farben vorenthalten, wenn sie sich dem Nonsens unterwerfen, daß es bei einer Frau nun mal so sei, mit dieser Sanftheit, und nicht anders.
Ich habe es oft erleben dürfen, und ich habe es mir, um nicht einer Selbsttäuschung zu erliegen, im Gespräch mit Frauen bestätigen lassen, daß auch sie sehr wohl in der Lage sind, unterschiedliche Orgasmen zu empfinden. Wenn weibliche und männliche Orgasmuskurven trotz der möglichen Vielfalt tatsächlich in der Mehrzahl so verlaufen, wie es die Wissenschaft für zwingend hält, dann sicher nicht aus organischen Gründen. Männlichkeit verlangt Selbstkontrolle, also muß der Mann den Augenblick der Unkontrolliertheit möglichst kurz halten. Das Ergebnis dieses unterbewußten Zwangs ist eine steil auf- und absteigende Kurve. Weiblichkeit erlaubt dagegen Hingabe. Die Frau darf sich im Gefühl verlieren und kann sich deshalb auch den weniger starken Empfindungen vor und nach dem Höhepunkt ganz und gar öffnen. Das Ergebnis ist eine sanft auf- und absteigende Kurve.
Eine Frau wird allerdings ihr längeres Orgasmuserlebnis nicht voll genießen können, wenn sie ihre Ge-

fühle vom Verhalten des Mannes abhängig macht, ohne es richtig deuten zu können. Dann besteht nämlich die Gefahr, daß sie seine rasch wiedergefundene Selbstkontrolle als Nachlassen seines Interesses mißversteht und sich in ihrer Urangst bestätigt sieht, eher benützt als geliebt worden zu sein.

Wie wenig die Schematisierung der unterschiedlichen Empfindungen zutrifft, konnte ich auch schon feststellen, wenn Frauen männlichere Orgasmuskurven hatten als ich, wenn sie längst wieder in der Wirklichkeit gelandet waren, während ich noch im Innern dem Verklingen des Höhepunkts hinterherlauschte. Aber auch beim Vorher gibt es erfreuliche Abweichungen von der Norm, und zwar im Sinne einer Übereinstimmung in der Steilheit, sprich Geilheit, die ja nicht einfach nur von uns Männern in Anspruch genommen werden kann und der man nicht grundsätzlich einen miesen Beigeschmack anlasten sollte. Geilheit kann etwas Grandioses sein, wenn sie von einer Frau und einem Mann gleichzeitig erlebt wird.

Es wäre schön, wenn wir es endlich als selbstverständlich ansehen könnten, daß wir Männer genauso ein Recht darauf haben, weiblich zu empfinden, wie umgekehrt die Frauen ein Recht darauf haben, männlich zu empfinden.

Es wurde eine reichhaltige, eine schöne, aber auch schwierige Zeit mit Margot, und es wurde eine Zeit der endlich beginnenden Veränderungen. Nicht nur, daß mir Margot mein sexuelles Selbstbewußtsein zurückgab und mich dadurch aus dem Schatten holte, sie stellte durch die besondere Art ihrer Existenz und ihres Wesens sehr hohe Anforderungen an meine menschliche und männliche Substanz und leitete dadurch einen längst überfälligen Reifeprozeß ein. Auch Margot war, wie Gudrun, älter als ich. Sie hatte zwei Kinder von drei und sechs Jahren, die entzückend, aber auch sehr kompliziert waren, und das hing, wie auch andere Schwierigkeiten, damit zusammen, daß Margot in einem sehr verworrenen Verhältnis zu ihrem Ehemann lebte. Sie war irgendwann bei Nacht und Nebel mit ihren Kindern aus der gemeinsamen Wohnung geflüchtet und bei ihren Eltern untergekommen. Sie wollte sich scheiden lassen, der Gatte jedoch keineswegs, und was sich für Grausamkeiten entwickeln können, wenn Kinder zu Streitobjekten werden, ist ja bekannt. Aber es war nicht Margots unglücklicher Familienstand, der unsere Harmonie gefährdete, es gab da noch andere Prüfungen, die meine Seele weit mehr belasteten.

Margot hatte eine sehr erotische Ausstrahlung und war eine starke Persönlichkeit. In der Kombination mit ihrer Unkompliziertheit mußte das zwangsläufig dazu führen, daß sie bei Männern eine beachtliche Wirkung hervorrief.

Nun hat man so was ja eigentlich gerne. Sich als der glückliche Besitzer eines Kleinods durch die Reaktionen anderer bestätigen zu lassen, daß man zu beneiden ist, das tut gut. Bei nicht allzu stabiler Selbstsicherheit kann es allerdings passieren, daß man hinter jeder Avance eines Herrn und einem dafür geschenkten Lächeln des Kleinods Gefahr vermutet. Und so gefestigt war ich noch lange nicht, daß ich Margots Erfolg bei anderen Männern nur positive Seiten hätte abgewinnen können.

Mit anderen Worten: Ich verfiel mal wieder der Eifersucht. Doch während sie mich bei Beate noch zu klarem, ehrenmännlichem Handeln gezwungen hatte, während sie bei Gudrun dadurch gelindert war, daß ich derjenige war, auf den der andere noch mehr eifersüchtig sein mußte, während ich also zuvor in der Hauptsache mit Fakten zu tun hatte, waren es bei Margot nur ständige Vermutungen, die sich zwar nie bestätigten, die sie aber auch nicht zu entkräften versuchte. Sie sah dazu keine Veranlassung, und aus meiner heutigen Sicht war das auch gut so.

Damals war es jedoch sehr schwer für mich, mit dem Gedanken zu leben, daß ich Margot nie ganz ausschließlich für mich haben würde. Anlaß für derlei Befürchtungen bot sich schon zu Beginn unserer Gemeinsamkeit durch die von ihr nie heruntergespielte Bedeutung, die neben mir noch vier andere Männer in ihrem Leben hatten.

Als wir aufeinandertrafen, hatte Margot gerade einen Lebensabschnitt zu bewältigen, der durch jede Menge Unklarheiten geprägt war. Nicht nur, daß sie nicht wußte, ob und wann sie einen Schlußstrich unter ihre Ehe ziehen konnte und wie es in Zukunft mit den Kindern sein würde, sie ging auch beruflich und damit finanziell durch eine herbe Durststrecke. Wegen ihrer familiären Situation konnte sie sich nicht konsequent um ihre Schauspielerei kümmern, mußte aber andererseits Geld herbeischaffen, um die Kinder versorgen zu können. Es war ein ständiges Hoffen und Bangen um irgendwelche Angebote von kleineren oder größeren Rollen in Theaterstücken oder Filmproduktionen. Aber wie das eben so ist, es blieb dann oftmals keine andere Wahl, als sich mit einem Job in einer Kneipe über Wasser zu halten. In manchen Anfällen von Resignation war sie drauf und dran, den Kram hinzuschmeißen, die Kinder unter den Arm zu nehmen und ins gehaßte, aber gesicherte Leben neben ihrem Mann zurückzukehren.

Margot hatte also allen Grund, sich nicht noch zusätzlich zu belasten durch eine allzu enge Bindung an einen brotlosen Studenten, der mit sich selber kaum zu Rande kam. Nach langen Jahren der Ehe und nach anderen durchgestandenen Beziehungen hatte sie sich außerdem klugerweise eine Einstellung zur Liebe angeeignet, in der die Idee der Ausschließlichkeit keinen Platz mehr hatte und mit der sie mir weit voraus war. Das, was sich andere Frauen in solch einer Lage durch die Flucht in die starken Arme einer Vaterfigur erhoffen, holte sie sich ohne die Gefahr, aus dem Regen in die Traufe zu geraten, von einer Vielzahl männlicher Bezugspersonen. Deren harten Kern bildeten die besagten vier Männer, und die Unterschiedlichkeit dieser Freunde bot die Garantie, daß Margots Bedürfnisse weitgehend befriedigt wurden, ohne daß sie sich in neue Abhängigkeit begeben mußte.

Da war zunächst ein Filmproduzent in den besten Jahren, ein bißchen Playboy und den weiblichen Verlockungen keineswegs abgeneigt, aber auch warmherziger, väterlicher Freund, ein unkomplizierter Mensch zum Gernehaben, mit dem man Orgien feiern, aber auch über gerade anstehenden Kummer reden konnte. Ganz nebenbei bot er durch seine Tätigkeit und seine Kontakte in der Filmbranche auch noch andere gute Seiten.

Der zweite war ein Medizinstudent, ein Mensch der allerfröhlichsten Sorte, der ständig komische Sprüche und Faxen machte, der aber auch in der Lage war, Geistreiches von sich zu geben. Der Typ von Mann also, mit dem man gern einen Abend lang in einer Kneipe steht, um sich jegliche Düsternis aus der Seele blasen zu lassen.

Der dritte war ein ziemlich erfolgreicher Theater-

schauspieler, der jedoch mit seinem Erfolg nichts anzufangen wußte, weil er sich in fortwährenden Selbstzweifeln vergrübelte. Zudem war er ein Hypochonder, der laufend an irgendwelchen todbringenden Krankheiten litt. Ansonsten war er wohl von äußerst liebenswerter Art, ein Melancholiker mit komischem Talent, ein Mensch für die Mütterlichkeit, ein Mensch zum Trösten, bei dem man sich seiner eigenen Kraft wieder bewußter wird und bei dem man sich freut, wenn man ihn zum Lächeln bringt, mit dem man aber auch zur Not gemeinsam über das Elend der Welt weinen kann.
Und dann war da noch ein dynamischer Discjockey, ein oberflächlicher, aber lieber Junge, der blendend aussah und seine freundschaftliche Zuneigung durch offenbar sehr eindrucksvolle Liebesdienste bewies.
So war der Stand der Dinge, als ich in Margots Leben trat. Sie hatte bei diesen vier Freunden all das, was sie von einem einzelnen Mann kaum erwarten durfte, und sie war frei, denn keiner dieser Männer drängte sie zu einer engeren Beziehung. Warum hätte sie das aufgeben sollen? So wie ich war, konnte ich keinen der vier ersetzen, dafür brachte ich als fünfter sogar noch etwas Neues ein. Ich war der liebevolle Hausfreund, den die Eltern und die Kinder ins Herz schlossen, ohne daß er beanspruchte, Vaterersatz zu sein. Ich erlaubte und bot mehr Intimität, war jedoch dezent genug, mich nicht zu nahe zu drängen. Ich war ein Mensch, an dessen Schicksal sie teilhatte, ohne dafür Verantwortung übernehmen zu müssen, und ich maßte mir umgekehrt keine Verantwortung an für ihr Schicksal, an dem ich teilhatte. Ich wäre zwar sehr dankbar gewesen für mehr Exklusivität, aber ich hätte sie nicht gefordert. Ihr ein-

ziges Risiko bestand darin, daß sie mich verletzen und dann unter meinem Kummer leiden könnte, und das war eigentlich schon mehr, als sie sich in ihrer Situation leisten durfte. Das alles machte ihr Verhältnis zu mir intensiver, als es mit den anderen Männern der Fall war. Als fünfter wurde ich der erste, das half mir so manchen Zweifel zu überstehen.

Wenn ich Margots Beziehungsnetz so beschreibe, dann mag das nach Berechnung riechen, nach einem System, ausgerichtet an einem körperlichen und seelischen Kosten-Nutzen-Vergleich. Ich sehe darin jedoch einen Ausdruck von Lebensklugheit und der gerade für Frauen so wichtigen Fähigkeit, eine Beziehung nach den eigenen Bedürfnissen aufzubauen und nicht nach den Bedürfnissen eines Mannes. Dazu braucht es natürlich Ehrlichkeit, und Margot war mir gegenüber von Anfang an ehrlich, indem sie mir nie in Aussicht stellte, meinetwegen auf andere Kontakte zu verzichten. Nur die Liebesdienste des Discjockeys meinte sie nun nicht mehr zu brauchen, und ich hatte die Möglichkeit, ihr das zu glauben.

Wäre damals meine Beziehung zu mir selbst besser gewesen, wäre auch meine Beziehung zu Margot glücklicher verlaufen. Es genügt eben nicht, nur den andern zu lieben, man muß auch sich selbst lieben. Und soweit war ich, trotz Bereinigung meiner sexuellen Probleme, noch lange nicht. So mußte also mal wieder zum Ausgleich für mangelndes Selbstbewußtsein männliche Entschlußkraft und Konsequenz herhalten.

Den Anlaß dazu bot eines Tages der hypochondrische Schauspieler, der mit sicherem Gespür für Effekte ausgerechnet kurz vor Weihnachten beschloß, sterben zu müssen. Dieses Mal machte er Leukämie geltend, und er hatte sicher mit verendender Stimme einen Hilferuf ins Telefon geröchelt, Margot möge ihm doch bitte in seinen letzten Stunden beistehen. Sie selbst nahm seine Ängste sonst auch nicht allzu ernst, und gerade deshalb machte es mich so unsicher, daß sie trotzdem entschlossen war, sich intensiv um ihn zu kümmern und für ein paar Tage zu ihm zu ziehen.

Ich machte keine Szene, meine Männlichkeit drückte sich auch keineswegs dadurch aus, daß ich sie vor die klassische Er-oder-ich-Wahl gestellt hätte. Ich wollte Margot keine Schwierigkeiten machen – sie hatte schon genug. Ich mußte nur nach dem, was ich schon zuvor durch Eifersucht und Mißtrauen gelitten hatte, traurig feststellen, daß ich dieser Beziehung nicht gewachsen war. Und um den ohnehin schon gefährdeten Respekt vor mir selbst nicht ganz zu verlieren, durfte ich nicht unbegrenzt Dinge auf mich nehmen, die ich nicht gutheißen konnte. Ich durfte mich nicht weiter der Inkonsequenz bezichtigen müssen.

Ich liebte Margot, und der Gedanke an eine Trennung hatte mich schon vorher oft geschmerzt. Aber ausgerechnet in diesem Fall, der, gemessen an früheren Vorkommnissen, eigentlich eher harmlos zu nennen war, hatte ich das Gefühl, durch ein Nachgeben meine Selbstachtung zu verlieren. Ich wollte Margot nicht umstimmen, ich wollte ihr nicht die Möglichkeit nehmen, sich menschlich zu verhalten. Schließlich wußte keiner von uns, ob es den Schauspieler dieses Mal nicht wirklich schlimm erwischt hatte. Ich sah auch keinen Anlaß, mir einen starken Abgang zu verschaffen, indem ich ihr die Schuld für meinen Schritt zuwies. Mein Verhalten war notwendig für mich und nicht gegen sie gerichtet.

So mußte ich ihr also sagen, ich hätte begriffen, daß das alles zuviel für mich sei und daß ich deshalb keine andere Möglichkeit sähe, als sie zu verlassen. Margot weinte und ließ mich ziehen – sie war eine starke Frau. Und ich, ich hatte meine Selbstachtung aus den Trümmern geborgen und mich dabei erst richtig verletzt.

Es dauerte drei lange Monate, bis ich mich nach dem künstlichen Abbruch meiner Beziehung zu Margot so weit erholt hatte, daß sie nicht immer wieder in meinen Gedanken auftauchte und mir einen Stich ins Herz versetzte. Meine Liebe zu ihr war ja keineswegs am Abflauen, als ich mich von ihr trennte. Ich mußte diese Liebe in mir selbst ausleben, und das kann sehr schwer sein. Ich konnte und wollte Margot nicht verurteilen, und so mußte ich mit den Zweifeln an der Richtigkeit meines Verhaltens fertig werden. Irgendwie ahnte ich, daß ihre Art, die Liebe zu leben, die richtige Richtung wies, das machte mein Verlustempfinden um so schmerzhafter. Wie einfach ist es doch, sich von einem Menschen zu distanzieren, bei dem man einen miesen Charakter entdeckt zu haben glaubt. Aber dazu hätte ich mich belügen müssen.

Mag sein, daß ich Margot auf einen etwas zu hohen Sockel stellte, aber die Bewunderung, die ich für ihre Stärke empfand, löste in mir über einen gewissen Nachahmungsinstinkt eine Entwicklung aus, die mich ein schönes Stück weiterbrachte in meiner Beziehung zu mir selbst.

Nachdem der Trennungsschmerz und die Rückfallängste überwunden waren, nachdem sich die unerfüllte Liebe zu einer herzlichen und problemlosen Zuneigung geradegebogen hatte, mobilisierte ich meine wiedergefundenen Kräfte, um mir selber auf die Schliche zu kommen.

Ich hatte die Nase voll vom Leiden, und da ich erlebt hatte, wie sinnlos mein langjähriger Sexualkummer gewesen war, glaubte ich auch die restlichen Steine wegräumen zu können, die meinem Selbstvertrauen im Weg lagen.

Ein probates Mittel, sich selbst auf die Schliche zu kommen, ist es, sich mit Psychologie zu beschäftigen, und es kann wohl kaum bezweifelt werden, daß darin das Motiv der meisten Leute zu suchen ist, die sich ins Studium dieser Wissenschaft stürzen. Ich hatte allerdings nicht vor, mich auf eine Menge Bücher einzulassen, dazu war meine Skepsis gegenüber wissenschaftlichem Ballast in meiner brüchigen Akademikerlaufbahn zu unüberwindlich geworden. Ich machte es mir einfacher: ich ließ mich mit Psychologen ein.

Im ›Song Parnaß‹, in dem ich weiterhin regelmäßig auftrat, lernte ich Uli und Betsy kennen. Uli war Niederbayer, Betsy war Amerikanerin, und beide verdienten sich durch Musik ihr Psychologiestudium. Sie waren ein Paar, lebten zusammen im gleichen Haus, aber in getrennten Bereichen und versuchten eine unkonventionelle Art der Partnerschaft zu praktizieren. Das theoretische Fundament hierfür bezogen sie hauptsächlich aus der modernen amerikanischen Psychologie, zu der Betsy naturgemäß einen starken Draht hatte und die der deutschen Schulpsychologie um Längen voraus war. Vor allem in Kalifornien herrschte ein Boom von Selbsterfahrungstherapien, und Betsy hatte immer das neueste Material darüber.

Das mußte mich natürlich interessieren, und es war für mich sehr spannend, die beiden bei der Umsetzung der ausgiebig diskutierten Theorien in die Praxis zu beobachten. So wurden wir enge Freunde, und die Zeit mit Uli und Betsy war sicher eine der wichtigsten Entwicklungsphasen meines Lebens.

Ich legte damals den Grundstock zu so mancher Überzeugung, die noch heute für mich Gültigkeit hat. Ich gewann Erkenntnisse über zwischenmenschliche Vorgänge, die zu einer grundlegend veränderten Einstellung gegenüber meinen Mitmenschen führten. Die wichtigste Erkenntnis aber war, daß der Grund für alles, wirklich alles, was einem Menschen oder mit einem Menschen passiert, in erster Linie in ihm selbst zu suchen ist. Das eröffnete mir eine neue, gewaltige Dimension von Selbstverantwortung, aber es führte auch in eine wunderbare neue Freiheit. Es kostete Überwindung, mich mit so vertrauten Begründungslieferanten wie dem Schicksal oder der Vererbungslehre anzulegen, aber ich gab mich damit in meine eigenen Hände zurück. Daraus entstand die Verpflichtung, aber auch die phantastische Möglichkeit, mich selbst nach meinen eigenen Vorstellungen zu formen. Es hatte etwas Beängstigendes und Beruhigendes zugleich, zu wissen, daß es keine Macht über uns gibt, der es sich nicht lohnt, die Macht unseres eigenen Ichs entgegenzusetzen.

Ich hasse Passivität. Vieles, was uns in unserer Erziehung angeboten wird, sei es der Glaube an irgendeinen Gott oder der absolute Wahrheitsanspruch verklemmter Philosophen wie Kant, Schopenhauer oder Nietzsche, ist dazu angetan, unsere Einflußnahme auf das eigene Leben so weit wie nur möglich zu begrenzen, damit wir manipulierbar bleiben. Doch uns ging es damals nicht so sehr um die großen Zusammenhänge, uns genügten die kleinen, und die sind allemal groß genug. Selbsterfahrung hieß, zu erkennen und akzeptieren zu lernen, wie wir waren; das hieß, auseinanderzuwurschteln, was unser eigentliches Wesen war und was von Erziehung und Umwelteinflüssen herrührte; das hieß, zu einem gesunden Egoismus zu finden und unnötige Rücksichtnahme oder sinnentleertes Wohlverhalten wieder zu verlernen; und das hieß ganz konkret, zum Beispiel die lästige Eifersucht aus der Zwischenmenschlichkeit zu verbannen. Daran war mir natürlich nach meinen Erfahrungen mit Margot besonders gelegen.

Die theoretischen Anstöße für meinen seelischen Reinigungsprozeß bekam ich, ohne daß ich auch nur ein Buch lesen mußte. Ich erfuhr so viel in den intensiven Gesprächen mit Uli und Betsy, die mir säuberlich gefiltert die Quintessenzen ihrer Pflicht- und Spaßlektüre zum Reagieren anboten – und ich reagierte heftig.

Durch meine Protesthaltung gegenüber dünnblütiger Wissenschaft, durch die immer stärkere Abneigung gegen Intellektualität, zeichnete ich mir selbst einen Weg vor, der zurück zur Bodenständigkeit führen sollte. Ich hatte einen starken Drang, das, was in unseren theoretischen Gesprächen passierte, auf Schwachstellen abzuklopfen, auf das zurückzuschrauben, was im Leben tatsächlich anwendbar und von Nutzen war. Ich war sozusagen ein Bindeglied zwischen Theorie und Praxis. Ich wollte nicht nur Erkenntnisse, ich wollte Erlebnisse, und ich hatte das gute Gefühl, daß wir uns gegenseitig weiterhalfen.

Es war eine Zeit, die besonders reich war an inneren und äußeren Ereignissen. Wenn man nach so vielen Jahren anerzogener Selbstzweifel lernen muß, sich zu lieben, dann genügt es nicht, sich das einzureden, man muß es sich und anderen auch durch Taten beweisen. Ich wollte und ich mußte Konsequenzen ziehen aus der immer festeren Überzeugung, daß ich in erster Linie mir selbst gegenüber verantwortlich war, daß ich mein Leben so gestalten mußte, wie es mir guttat, und nicht, wie es meiner Familie, meinem Professor und dem Rest der Gesellschaft gefiel.
So war es nur folgerichtig, daß ich nach den schon lange andauernden, aufreibenden Rückzugsgefechten endlich mein Studium abbrach, dessen Sinn mir abhanden gekommen war. Durch die Befreiung von diesem Ballast verschaffte ich mir selbst neuen Auftrieb. Mein immer besseres Lebensgefühl wirkte sich deutlich auf meine Kreativität aus, aber auch auf meine Beziehung zur Weiblichkeit.
Meine körperlichen Probleme waren tatsächlich beseitigt, so konnte ich mich ganz darauf besinnen, die Ecken und Kanten der Seele zu glätten. Nach einer neuerlichen festen Bindung stand mir der Sinn noch lange nicht. Ich genoß meine Freiheit und wollte erst einmal mit mir selbst zu Rande kommen, damit ich künftige große Lieben mit meiner Unfertigkeit nicht unnütz belastete.
Das hieß jedoch keineswegs, daß ich abstinent leben wollte. Es wäre nicht nur unsinnig gewesen, bei dem Prozeß der Selbsterfahrung die Sexualität zu verdrängen, es war auch nicht mehr nötig. Ich hatte ja erstmals die Möglichkeit, mein Bedürfnis nach Geben und Nehmen von Zärtlichkeit angstlos auszuleben, ohne von einer Gewöhnung abhängig zu sein. Um aber kurzfristige sexuelle Erlebnisse richtig ge-

nießen zu können, mußte der Geschlechtsverkehr erst einmal als das begriffen werden, was er eigentlich ist: als ein ganz normaler, Spaß bringender Vorgang, der durch eine künstliche Moral mit einem Flair des Außerordentlichen versehen wurde, um damit die Mitglieder ebenso künstlicher Gesellschaften und Glaubensgemeinschaften zu gängeln. Ich will damit nicht jenen Zynikern das Wort reden, die meinen, es sei egal, ob sie nun eine Frau bumsen oder ob sie einen Schweinebraten verzehren; aber miteinander zu schlafen, ohne ein falsches Gewicht auf unseren Seelen und Körpern zu fühlen, kann doch eigentlich nur gut sein.

Ich weiß, daß ich damals auf meinem Durchmarsch zum lockeren Dasein als Mann gelegentlich ins Extrem verfiel, aber da ich vorher auch extrem gelitten hatte, war das nur zu verständlich. Das Gefühl, auf einmal die Fäden meines Wohlergehens selbst in der Hand zu haben, mußte wohl dazu führen, daß ich die neuen Möglichkeiten ausreizte.

Ich erinnere mich an eine Situation in Ulis Wohnung. Wir saßen dort zusammen mit einem Mädchen, mit dem er früher einmal liiert gewesen war. Wir waren uns zuvor schon einmal begegnet, und ich hatte mich sofort von ihr sehr angezogen gefühlt. Als wir nun wieder beisammen waren und uns zu dritt über alles mögliche und über unsere psychologischen Hausaufgaben unterhielten, schlugen die erotischen Vibrationen zwischen ihr und mir solche Wogen, daß ich Uli kurzerhand bat, doch für eine Weile das Zimmer zu verlassen, wir müßten uns mal eben lieben. Uli hatte nichts einzuwenden, und – was wichtiger war – auch das Mädchen war einverstanden.

Wir liebten uns also fröhlich auf der Couch, dann

riefen wir Uli aus dem Nebenzimmer zurück und redeten weiter über alles mögliche und unsere psychologischen Hausaufgaben, wobei ich eine soeben mit Erfolg erledigt hatte. Das kurzfristige sexuelle Erlebnis war genossen worden, der Geschlechtsverkehr war ein ganz normaler, Spaß bringender Vorgang gewesen, das falsche Gewicht war von Seele und Körper gekullert – ich war frei!
Das war, wie gesagt, eine vielleicht extreme Beweisführung für das Vorhandensein der ersehnten Freiheit, aber von dieser Höhe aus war die Mitte leichter zu erreichen als aus der Tiefe meines früheren Zustandes.
Nun ist jedoch die Moral mit ihren raffinierten Finten nicht so ohne weiteres zu überlisten. Kaum hatte ich es geschafft, den Geschlechtsverkehr aus seiner künstlichen Höhe auf den Boden zu holen, schon sprang mich der nächste Quälgeist an. Wie heißt es doch so schön: Wenn man einem Kind das Naschen nicht mehr verbietet, dann verliert es die Lust daran. Auf einmal tauchte die unbestimmte Furcht auf, wenn es nichts Besonderes mehr wäre, mit einer Frau zu schlafen, könnte es womöglich fad werden. Und die Allmacht der Seele vermag es sogar, der durch sonst nichts mehr gehinderten sexuellen Lust einen Riegel vorzuschieben.
Ich habe manche Männer erlebt, die ihrer Furcht vor inflationärer Entwertung des Geschlechtsverkehrs erlagen, die, kaum daß die Probleme mit der Lust aus der Welt geschafft waren, Probleme mit der Unlust hatten. Ich denke dabei nicht nur an länger dauernde Beziehungen, wo die Angst vor einem Nachlassen des sexuellen Interesses an der ›angestammten‹ Frau fast zwangsläufig genau zu diesem führt, wenn die Frau nicht durch sparsame Erteilung von

grünem Licht das ›Nasch-Syndrom‹ am Leben erhält; ich denke auch nicht nur an solche Männer, die zwanghaft immer neuen Frauen auf den Leib rükken, um noch möglichst viele ›Abschüsse‹ zu erzielen, bevor der befürchtete Tod der Lust eintritt; es gibt ja auch Männer, die sich nur noch durch einen ausgefallenen Typ von Frau, durch ein ganz bestimmtes Reizverhalten oder durch die Aussicht auf eine spezielle Sexualpraktik erregen lassen.
Neben anderen Gründen kann auch ein solches selbstprogrammiertes Absterben des Reizes bis zu Vergewaltigungen und anderen Abnormitäten führen, weil das Bewußtsein, Verbotenes oder Verwerfliches zu tun, als dringende Voraussetzung für die Lustempfindung gebraucht wird.
Mir blieb seinerzeit ein Nachlassen des sexuellen Interesses zum Glück erspart. Wahrscheinlich hatte ich ein so großes Nachholbedürfnis, daß auch nach längere Zeit der vielfältigen Liebeserlebnisse meine Lust ungeschmälert war. Somit war klar, daß diese Naschtheorie erlogen war. Selbst auf die Gefahr hin, nun doch in die Nähe der Schweinebraten-Zyniker gerückt zu werden, scheue ich hier nicht den Vergleich mit dem Essen. Wenn man sich darauf versteift, nur ein Cordon bleu könne das leibliche Wohl garantieren, wird man auch darauf früher oder später keinen Appetit mehr verspüren; wenn man sich jedoch auf seine natürlichen Bedürfnisse verläßt, wird man ein Leben lang mit größtem Vergnügen ein Butterbrot verspeisen, wenn man Hunger hat.
Das Genießen der Sexualität, befreit von der Überbewertung durch moralische Verbrämungen, und die Erfahrung, daß auch Frauen nicht grundsätzlich ein gewaltiges Pfund Seele drangeben, wenn sie mit einem Mann schlafen, schafften im Verein mit mei-

ner sich mehr und mehr stabilisierenden positiven Beziehung zu mir selbst das, wonach ich mich seit Margot so gesehnt hatte: Ich besiegte die Eifersucht.

So gut und so sinnvoll es gewesen war, mein ungeliebtes Studium aufzugeben, so sehr bedrückte mich doch immer wieder der Gedanke, daß ich es eigentlich mit einem kräftigen Zusammenbeißen der Zähne hätte überstehen sollen, um danach mit einem Abschluß in der Tasche und mit gutem Gewissen auf etwas Fertiges, etwas Erreichtes verweisen zu können. Es hätte mich ja niemand gezwungen, aus meinen Lorbeeren berufliche Konsequenzen zu ziehen, ich hätte sie einfach benützen können, um mich darauf auszuruhen, während ich unbelastet meinen eigentlichen Interessen nachging.
Ich versuchte zwar mit allen Tricks, mir selbst den Makel des Versagthabens auszureden, mir klarzumachen, daß mich nichts verpflichtete, die hohen eigenen und fremden Erwartungen einzulösen, indem ich mich auf ein Gleis setzte, das stracks in eine vielversprechende Zukunft führte. Aber es gelang mir nur gelegentlich, die Möglichkeit, mit vielfältigen Betätigungen ein freies, durch keine Karrierezwänge eingeengtes Leben zu führen, höher einzuschätzen als den berechenbaren Erfolg.
Was ich mir damals in schwachen Momenten als Inkonsequenz vorwarf, als mangelnde Fähigkeit, mich auf eine bestimmte Richtung festzulegen, das entsprach in Wirklichkeit meinem Wesen. Für die Tatsache, daß ich mich nicht wieder auf ein konkretes Berufsziel einließ, bin ich heute sehr dankbar. Wer weiß, in welche neue Sackgasse ich mich damit verrannt hätte. Ein ›Verrennen‹ ereignete sich dann allerdings im privaten Bereich.

Ruth war eine Wucht! Als ich sie bei einer Jazzveranstaltung in einem großen Bierkeller am übernächsten Tisch sitzen sah, war ich so hingerissen, daß ich meine Zurückhaltung vergaß, die mir trotz allem geblieben war. Ich hob förmlich von meinem Stuhl ab und schwebte wie von überirdischen Kräften gezerrt auf sie zu. Ich hatte es bis dahin nur sehr selten geschafft, eine Frau anzusprechen, aber hier herrschte ein anderes Gesetz. Da gab es kein taktisches Annähern, kein Blinzeln oder Zuprosten, da gab es nur den direkten Weg, das war wie ein Sog.
Ich machte mir auch gar nicht die Mühe, mir einen besonders originellen Werbesatz einfallen zu lassen, ich sagte nur: »Ich bin der Jörn, ich möchte dich kennenlernen!« Da lachte dieses Geschöpf des Himmels doch einfach prustend los und konnte gerade eben noch das Fragewort »Was?« über die sinnlichen Lippen bringen. Ich war durch dieses Gelächter so irritiert, daß ich fast den Rückzug angetreten hätte. Da sie mir jedoch, während sie lachte, einen Stuhl anbot, setzte ich mich verunsichert, aber dankbar zu ihr und erfuhr dann auch des Rätsels Lösung: Ruth war aus Kanada und hatte meinen Namen so verstanden, als handele es sich dabei nicht um ›Jörn‹, sondern um ›Urin‹, was auf englisch in der Tat eine verteufelte Ähnlichkeit aufweist.
Wir waren jedenfalls im Gespräch, und ich konnte mich an ihrer Erscheinung langsam wieder hochziehen. Sie hatte solche Augen, sie hatte einen solchen Mund, einen solchen Humor, daß ich restlos begeistert war – aber sie hatte auch die Mitteilung zu machen, daß sie mit ihrem Freund da sei. Bei der Erwähnung dieses Freundes, der wohl gerade anderswo im Saal war, schwang allerdings ein so deutliches ›Zwar–Aber‹ mit, daß ich es für nicht ganz

sinnlos hielt, ihr zu sagen, daß ich am nächsten Tag in der und der Kneipe jazzen würde, und wenn sie Lust hätte, könnte sie ja vielleicht vorbeischauen. Sie erschien tatsächlich und stellte somit die Weichen für ein gemeinsames Durchleben und Durchleiden der nächsten Jahre.

In den knapp zwei Jahren seit meiner Trennung von Margot hatte ich im Genuß der Freiheit und des wachsenden Selbstgefühls mein Defizit an angstloser Sexualität ausgeglichen. Ich konnte den zärtlichen Kontakt mit Frauen als etwas erfrischend Natürliches erleben, ob nun Verliebtheit, Liebe oder einfach Sympathie der Auslöser der Lust war. Es hatte auch zwei oder drei kürzere Beziehungen gegeben, in denen ich üben konnte, die eigenen Bedürfnisse anzuerkennen und auszuleben, anstatt sie mit wohlgemeinten, aber nicht durchzuhaltenden Kompromissen zu betäuben. Ich fühlte mich also unterdessen in einer Verfassung, die es mir erlaubte, mich einmal wieder auf das Abenteuer einer längerwährenden Bindung einzulassen.

Dieser Gedanke kam nicht von ungefähr, denn Ruth bot mit ihrer Persönlichkeit so viel an, wir schienen so gut zusammenzupassen, daß ich es selbst als neurotische Bindungsangst hätte definieren müssen, wenn ich mich einer echten Beziehung verweigert hätte. Trotzdem war es mir wichtig, meine Vorstellungen von einer Partnerschaft vorher ehrlich auszusprechen, selbst auf die Gefahr hin, daß Ruth erschrocken reagieren könnte und das Füllhorn ihrer Qualitäten schließen würde, bevor ich mich daran ergötzt hätte. Aber Kompromisse zu machen hatte ich nicht im Sinn. In meiner Sicht der Dinge gab es für den erfolgreichen Verlauf einer Beziehung Grundvoraussetzungen, von deren Unverzichtbarkeit ich überzeugt war und die ich Ruth glaubte erklären zu müssen, damit sie wußte, woran sie mit mir war.

Ich erinnere mich gut an eine lange Autofahrt, auf der mich Ruth zu einem Auswärtsjob begleitete. Da kam es zu einem Gespräch über unsere jeweiligen Standpunkte, das fast programmatischen Charakter hatte. Für mich spielte, wie konnte es anders sein, die Frage der Ausschließlichkeit in der Liebe und das damit gekoppelte Gespenst der Eifersucht eine Hauptrolle. Ich war überzeugt, daß es in einer richtig verstandenen Liebesbeziehung für den einzelnen Raum genug geben müßte, sich im Einklang mit dem Partner, aber auch in einer gewissen Unabhängigkeit von ihm zu entfalten. Ich war überzeugt, daß beide nicht nur ein Recht, sondern sogar die Pficht hätten, sich ein Eigenleben zu bewahren und nicht alle Erfahrungen, Empfindungen und Erlebnisse in die Zweisamkeit zu verfrachten, um diese vor Überlastung zu schützen. Was mir heute ganz und gar selbstverständlich ist, hatte damals noch den Geschmack von Experiment, von moderner Partnerschaftsideologie, und so war es kein Wunder, daß ich glaubte, mit deutlichen Vorbehalten von Ruths Seite rechnen zu müssen.

Aber das Füllhorn schloß sich nicht. Im Gegenteil, es öffnete sich noch ein bißchen mehr und ließ köstliche Übereinstimmung herauskullern. Ruth redete so erfrischend locker über das ganz natürliche Bedürfnis nach Eigenständigkeit, sie äußerte sich so tolerant über den Umgang mit anderen Frauen beziehungsweise Männern, daß es für mich überhaupt keine Zweifel mehr gab, in ihr die Frau meines Lebens gefunden zu haben.

Daß wir auf eine Fata Morgana zumarschierten,

stellte sich erst heraus, als es zu spät war, unsere Rettung in einer anderen Richtung zu suchen. Da hatten wir uns bereits verirrt, besaßen jedoch noch genügend Kraft und Hoffnung, um in dieselbe Richtung weiterzugehen, auf die nächste vermeintliche Oase zu.

Es verging etwa ein halbes Jahr, bevor sich bei Ruth ganz deutliche Anzeichen bemerkbar machten, daß sie ihre Einstellung nicht leben konnte. Nicht daß sie mich damals aus taktischen Gründen belogen hätte, um mich in Sicherheit zu wiegen, sie hatte eher sich selbst getäuscht, indem sie glaubte, ihre Überzeugung auch in der Praxis einer Partnerschaft verwirklichen zu können.

In der Beziehung mit ihrem früheren Freund hatte sie sich offenbar eher überlegen gefühlt und somit kaum Anlaß zur Eifersucht gehabt. Ich hingegen bot ihr manchen Grund zum Zweifeln, weil ich mein Leben so weiterlebte wie zuvor. Ich liebte Ruth und war sehr gern mit ihr zusammen, aber wenn sie mit mir in eine Kneipe ging, wo ich jazzte oder sang, dann verhielt ich mich nicht plötzlich anders als früher. Wenn ich ein Mädchen traf, das ich kannte und mochte, dann umarmte ich es und gab ihm auch mal einen Kuß, so wie ich das immer getan hatte. Gewichtigeres passierte nicht, auch nicht hinter ihrem Rücken. Ich sah dafür keine Notwendigkeit, und Treue war für mich, wenn schon nicht mehr ganz selbstverständlich, so doch ein gern gemachtes Geschenk an den Menschen, den ich liebte.

Und doch muß Ruth in der Anfangszeit unserer Liebe schrecklich gelitten haben. Aber zunächst war sie tapfer, anders kann man es wohl nicht nennen, und versuchte ihr Versprechen der Toleranz einzulösen. Gelegentlich gab es zwar kleine Äußerungen von Verletztsein, und das hätte mich eigentlich stutzig machen müssen, aber nach einer kurzen Klärung stellte sich immer wieder scheinbare Ruhe ein. Ich schwebte viel zu unbekümmert auf der Wolke meines Glücks, als daß ich mich in irgendwelche Sorgen um mein mögliches Fehlverhalten verstrickt hätte. Daß diese Wolke schon längst nicht mehr unter mir war, sondern schon grauschwarz über mir hing, merkte ich erst, als die ersten schweren Tropfen eines kommenden Dauerregens fielen.

Ruth war unterdessen zu mir gezogen, und somit hatte sich eine gewisse Unausweichlichkeit ergeben. Ich will ihr keineswegs unterstellen, daß sie nun meinte, aus einer solchermaßen abgesicherten Position zum Angriff vorgehen zu können. Ich glaube, daß einfach das Maß des für sie Ertragbaren voll war. Die Eifersuchtsäußerungen häuften sich, aber wie ernst es in ihrem Innern wirklich aussah, merkte ich erst, als meine jüngere Schwester für ein paar Tage zu Besuch kam. Mit ihr hatte ich mich immer gut verstanden, und so ergab sich auch dieses Mal eine fröhliche Harmonie. Ich freute mich, die beiden zusammen zu sehen, und es gab für Ruth ganz sicher keinen objektiven Grund, sich ausgeschlossen zu fühlen. Und doch entzündete sich an dieser brüderlich-schwesterlichen Harmonie ein solcher Eifersuchtsausbruch, daß mir klar wurde, Ruths Leiden hatte tiefere Gründe als nur die Angst, mich an irgendeine andere Frau zu verlieren.
Ich war zum erstenmal der Stärkere in einer Beziehung. Meine Männlichkeit fühlte sich auf einmal an einer Seite angesprochen, die bisher in meinem Leben keine besonders wichtige Rolle gespielt hatte. Ich wurde zum Helfer, zum Hoffnungsträger, zum

optimistischen ›Es wird schon wieder alles gut‹-Macher, und ich spürte eine missionarische Kraft, aus meiner geliebten Ruth und mir ein ewig glückliches Paar zu machen.

Im Interesse dieser guten Sache war ich bereit, mein mühsam neuentdecktes natürliches Verhalten wieder auf ein Maß zu reduzieren, das Ruth keinerlei Veranlassung gab, irgendwelchen Verdacht zu hegen. Ich wechselte mit Frauen nur noch sachlich-freundliche Worte und stellte mich auch in meinen Äußerungen Ruth gegenüber ganz und gar auf ihre Empfindlichkeit ein. Vor allem durchforschte ich ihre Psychologie und glaubte bald entdeckt zu haben, daß ihr Hauptfeind die Angst war, nicht geliebt zu sein. Ein weiterer Grund für ihre Seelenqualen schien das übergroße Bedürfnis nach Sicherheit zu sein, und zwar sowohl im Sinne gefühlsmäßiger Geborgenheit als auch im Sinne einer materiellen Absicherung durch geregelte Finanzen.

Nach dem Motto ›Gefahr erkannt, Gefahr gebannt‹ glaubte ich bloß die Ärmel hochkrempeln und mich an die Arbeit machen zu müssen. Ich wollte meine Kräfte einsetzen, um Ruth zu einer Veränderung ihrer Lebenseinstellung und ihrer Beziehung zu sich selbst zu verhelfen.

In meinem Eifer rechnete ich nicht mit einer ganz entscheidenden Schwierigkeit, von der ich damals allerdings auch noch keine Ahnung haben konnte: Man kann einen Menschen nicht verändern, wenn man ihm zu nahe gekommen ist. Man kann ihn dann höchstens noch unterstützen in der Durchführung eines Entschlusses, den er für sich ganz allein fassen muß. Nur wenn er sich selbst verändern will, kann man als Verstärker wirken, mehr Möglichkeiten hat man nicht. Den Willen des anderen Menschen kann man nur beeinflussen, wenn man, aus seiner Sicht, im Besitz größtmöglicher Objektivität bleibt. Und die geht nun mal leicht verloren, wenn man sich zu sehr ineinander verhakt.

Eine Frau wird sich von einer anonymen Illustrierten-Seelsorgerin eher dazu bewegen lassen, ihre Einstellung zu einem Problem zu ändern, als durch die gutgemeinten Argumente ihres Ehemannes. Ein Mann wird eher mit dem Rauchen kürzertreten, wenn ihm ein Arbeitskollege dafür einleuchtende Gründe liefert, als wenn ihn seine Ehefrau eindringlich ermahnt.

Ich will damit nicht sagen, daß es zwangsläufig zu einem Verlust an Objektivität führen muß, wenn man sich liebt. Das wäre ausgesprochen traurig, denn die Tatsache, daß man sich gegenseitig ernst nimmt, macht eine Liebe ja erst richtig schön und dauerhaft. Es geht nur um den Anspruch des Verändernwollens. Wie oft gehen Menschen Beziehungen ein mit der Überzeugung, dem andern diese oder jene Eigenschaft abgewöhnen zu können, ihn also, wenn sie ihn erst einmal im Griff haben, so hinmodellieren zu können, wie sie ihn sich eigentlich wünschen. Und wie oft scheitern solche Pläne, weil sich der andere gar nicht ändern will. Entweder man ist sicher, daß man den andern trotz seiner Fehler liebt und langfristig ertragen kann, oder man läßt es! Wer sich auf dem Standpunkt einlullt: »Den kriege ich schon so hin, wie er sein soll«, der erstickt nur allzuleicht an dem Sand, auf den er baut.

Den Vorwurf einer solchen Fehlplanung mußte ich mir zwar im Falle Ruths nicht machen, ich hatte ja vor dem Einstieg in die Steilwand unserer Zweisamkeit alles abgeklärt, und wer rechnet in so einem Moment schon mit einem Wettersturz. Wenn es überhaupt einen Vorwurf zu machen gibt, dann den, daß ich mich in meiner Kraft überschätzte und trotz des aufkommenden Unwetters weiter den Gipfel zu erreichen suchte. (Entschuldigen Sie bitte, wenn ich jetzt in meinen Vergleichen von der Wüste über den Dauerregen bis zur Bergsteigerei gekommen bin, aber die Widersprüchlichkeit dieser Bilder paßt sehr gut zu dem, was ich in den Jahren mit Ruth erlebt habe.)

Zunächst gab es Hoffnungen, die nicht allein in meiner männlichen Kraft begründet waren, sondern auch im möglichen Erreichen ganz konkreter Ziele, die Ruths zentrale Ängste ums Geliebtwerden und um die Sicherheit zerstreuen sollten. Da war einmal das Problem mit ihrem Orgasmus. Sie hatte noch nie einen erlebt, wenn sie mit einem Mann zusammen war. In meinem einfachen psychologischen Raster war es klar, daß sie sich deshalb nicht als vollwertige Frau akzeptieren konnte und daß es nach Beseitigung dieses Problems bergauf gehen mußte.

Als wir dieses Ziel jedoch erreicht hatten, steigerte sich ihre Lebensbejahung nur geringfügig, und sofort war ein nächstes Ziel zu erreichen: Wir wollten endlich einmal zusammen so richtig Urlaub machen, um uns außerhalb des Alltags einander ganz zu nähern. Als wir dann aus Griechenland zurückkamen, stellte sich noch immer keine Veränderung ein, und es ging nun darum, eine angemessene Wohnung zu finden, die uns beiden ›gehörte‹. Als wir die dann hatten, war es ihr Examen als Dolmetscherin, und und und ... es war ein Faß ohne Boden.

Ich erlebte damals, ohne mir darüber klarzusein, deutliches Anschauungsmaterial für die Erkenntnis, die mir erst später kam und an der ich bis heute festhalte: Ein Mensch, der leidet, will leiden! Er will sich

unterbewußt an denen rächen, die seine Geschichte verbrochen haben: »Seht her, so bin ich durch euch, eine arme gequälte Kreatur!«
Unterdessen war ich selbst ein Teil von Ruths Geschichte geworden. Auch durch mich mußte sie leiden, und sie mußte mir das deutlich zeigen. Es gab also gar nicht die Möglichkeit, sie mit meiner männlichen Stärke aus dem Dilemma herauszuführen, ich selbst machte den Sumpf immer tiefer, in dem wir steckten.
Ruths Ängste blieben nicht nur am Leben, sie wurden noch genährt durch meine Existenz. Und ich, der ich meine eigene Eifersucht so glorreich besiegt hatte, war auf einmal konfrontiert mit etwas, das ich mir bisher nicht hatte träumen lassen. War es früher mein Problem gewesen, auf einen Menschen eifersüchtig zu sein, so wurde es nun zum Problem, daß ein Mensch auf mich eifersüchtig war.
Ich erlebte erstmals, um es so zu nennen, die passive Eifersucht, und ich mußte feststellen, daß sie noch um vieles verheerender ist als die aktive. Bei aktiver Eifersucht kann man, trotz allem Schmerz, den Hebel an sich selber ansetzen, indem man versucht, seine Reaktionen zu überdenken und auf ein erträgliches oder unmerkliches Maß herunterzupegeln. Während man sich in diesem Fall also selbst in der Hand hat, ist man bei passiver Eifersucht völlig den Empfindlichkeiten des anderen ausgeliefert. Man kann sich nur, wenn überhaupt, durch ein absolut fehlerfreies Verhalten vor Kummer schützen, und das verlangt extreme Selbstkontrolle.
Bei Ruth genügte es jedoch nicht, daß ich mich von sämtlichen Frauen, inklusive meiner Schwestern, auf unnatürliche Weise wegkontrollierte. Kaum war das geschehen, erstreckte sich ihre Eifersucht auf alles

andere, was mir lieb und wert war. Zum Beispiel auf meine Musik.

Ich ging auch darauf ein, weil ich glaubte, es müßte mir gelingen, Ruth klarzumachen, daß sie auf meine Liebe absolut vertrauen konnte, und ich meinte es ihr dadurch beweisen zu können, daß ich ein ganzes Jahr lang als Möbelpacker arbeitete. Wenn ich nämlich durch Jazzen und Singen Geld verdiente, wurde Ruth von der Vorstellung geplagt, daß mich das Auskosten meiner Kreativität und der Reaktion des Publikums innerlich von ihr entfernte.

Ich durfte eben nichts, aber auch gar nichts lieben außer Ruth. Und wenn ich morgens um sechs Uhr aufstehen mußte, um zur Arbeit zu gehen, bestand kaum Gefahr, daß ich das aus Liebe zu den zu schleppenden Schrankteilen und Küchenbuffets tat. Trotzdem durfte ich nie erwähnen, daß wir beispielsweise ein junges Ehepaar aus einer Sozialwohnung in ein Häuschen im Grünen umgezogen hatten, denn es hätte ja sein können, daß mich die Ehefrau im Möbelwagen vergewaltigt hätte ...

Ich könnte Ihnen jede Menge bizarrer Geschichten erzählen über meinen verzweifelten Kampf gegen Ruths Eifersucht. Aber so, wie es in ihr aussah, mußte alles, was ich unternahm, erfolglos bleiben. Ich will damit sagen, daß ich ihr Verhalten, so extrem es war, niemals als zickig und einfach unmöglich verurteilt habe, sondern daß ich dahinter immer den tiefen Schmerz ahnte, an dem gemessen mein eigenes Leiden ein eher harmloses Überprüfen meiner Widerstandskraft war.

Das groteske war, daß Ruth auf alle Menschen einen überaus gewinnenden Eindruck machte. Sie wirkte selbstbewußt, war natürlich, charmant, geistreich und beeindruckend schön, nur sie selbst sah sich ständig ganz anders. Immer wieder meinte sie, bei irgendwelchen Leuten nicht angekommen zu sein, obwohl diese unübersehbar von ihr begeistert waren. Und ich als der Nächststehende hatte sowieso keine Chance, sie von der Schönheit ihres Geistes und ihres Körpers zu überzeugen. Ruth wollte nicht schön sein, obwohl sie sich so sehr danach sehnte.

Sie kennen sicher das geflügelte Wort: »Eifersucht ist eine Leidenschaft, die mit Eifer sucht, was Leiden schafft.« Treffender kann man dieses Laster wohl kaum umschreiben, und doch hält sich in unserer Gesellschaft hartnäckig die Überzeugung, daß Eifersucht ein Zeichen von Liebe sei und somit in jeder Partnerschaft vorkommen darf, ja vorkommen sollte. Vor allem die Menschen, die zur Eifersucht neigen, machen sich natürlich diese Aufwertung des Übels sehr gerne zu eigen. Das erspart ihnen, sich darüber klarzuwerden, daß sie nur deshalb eifersüchtig sind, weil sie sich selbst nicht lieben.
Auch Ruth war davon überzeugt, daß sich in ihrer Eifersucht nichts als die große Liebe zu mir äußerte, und so lag es nahe, daß sie umgekehrt aus der Tatsache, daß ich nie eifersüchtig war, eine mindere Qualität meiner Liebe zu ihr ableitete. Da halfen keine Beteuerungen, für sie mußte das so sein. Ich war plötzlich in der absurden Situation, daß mir das, was ich mir mühselig abgewöhnt hatte, nun als gravierender Mangel vorgeworfen wurde.
Nach ihren eigenen Maßstäben hätte mir Ruth Anlässe genug gegeben, eifersüchtig zu werden, denn während ich unter ihren Argusaugen meinen Umgang mit Frauen auf das Nötigste zu beschränken versuchte, gestattete sie sich selbst einen ganz lockeren Umgang mit Männern. Aber statt sich darüber

zu freuen, daß ich sie deshalb nicht zur Rechenschaft zog, setzte sie mich auf die Anklagebank: Ich liebloser Mensch war nicht eifersüchtig! Sie hätte sich ja so nach dem gesehnt, womit sie mir die Hölle heiß machte: nach Eifersuchtsszenen. Und eines Tages kam ich schließlich dieser Sehnsucht ein bißchen entgegen. Es war im dritten Jahr unseres Zusammenseins, und wir waren im Sommer in ihre Heimat gereist, nach Kanada. Eines Abends trafen wir in einer Kneipe einen Freund Ruths aus früheren Jahren, den sie, wie sie mir erzählte, früher sehr geliebt hatte. Wir waren mehrere Leute, ich unterhielt mich prächtig und hatte nicht den geringsten Grund zur Beunruhigung, als sie mit diesem netten Menschen ein paar Worte wechselte. Als es jedoch am nächsten Tag aus irgendeinem Grund mal wieder zu einer jener quälenden Streitereien kam, in denen Ruth sehr total werden konnte, drückte ich in meiner Hilflosigkeit einfach auf den Knopf, der den traurigen Spuk schlagartig abstellte. Ich sagte mit melancholischem Gesichtsausdruck, sie solle sich nicht so aufregen, schließlich hätte ich gestern abend ja auch kein Theater gemacht, als sie mit ihrem ehemaligen Liebhaber rumgeflirtet habe.

Und siehe da: Ruth stoppte sofort ihren Ausbruch, schaute mich ungläubig, dann dankbar, dann glückselig an und sagte: »Warum hast du mir das nicht gleich gesagt, daß du eifersüchtig bist?« Dann sank sie mir in die Arme, und es herrschte Friede. Es war pervers: Ich, der ich die Eifersucht so sehr ablehnte, hatte sie in meiner Not als Mittel zum Zweck benützt. Ich kam mir damals ziemlich übel vor.

Ich erlebe immer wieder Paare, bei denen, wenn das Gespräch auf das Thema Eifersucht kommt, die eine Hälfte über die andere sagt: »Ach der – oder die – ist doch nie eifersüchtig!« Statt Dankbarkeit kommt bei einem solchen Satz ein schlecht verhohlener Vorwurf zum Vorschein. Wenn ich so was höre, steigt in mir die heilige Wut hoch, und ich bin geneigt, grobe Worte zu sprechen.

In den Jahren mit Ruth wurde manche Eigenschaft, von der auch ich glaubte, daß sie einen Mann und seine Männlichkeit ausmacht, auf eine harte Probe gestellt, und sie mußte dabei versagen. Begriffe wie Stolz, Durchsetzungsvermögen und Mut müssen sich in ihrer ganzen Fragwürdigkeit offenbaren, wenn man durch ihre Anwendung einem geliebten Menschen unsägliches Leid zufügt. Als ich später darüber sprechen durfte, was ich damals erlebt habe, wurde mir oft die Frage gestellt: »Wie konntest du dir das nur antun lassen?« Die Antwort ist einfach: Ich liebte, ich hatte Hoffnung, ich hatte Angst!
Wenn mir Ruth etwas verbot - und dazu war sie auf ihre Weise durchaus in der Lage -, sei es den Kontakt mit Menschen, die Verwirklichung eines Projektes oder irgendeine Anschaffung, dann hielt ich mich daran. Aus Liebe, damit sie nicht noch mehr verletzt würde, aus Hoffnung, daß ich ihr mit dem Eingehen auf ihre Wünsche meine Zuneigung beweisen könnte, und aus Angst, daß ein Widersetzen zu dramatischen Reaktionen führen würde, die uns beide belastet hätten. Was sollte ich da mit Stolz anfangen, mit Durchsetzungsvermögen oder mit Mut? Glauben Sie mir, ich hatte oft gewaltige Konflikte, wenn ich mich selber fragte, ob ich nicht zu weich oder gar feige sei. Und diese Selbstzweifel wurden immer schlimmer, je klarer es mir werden mußte, daß die Liebe und die Hoffnung nachließen und nur noch die Angst unverändert vorhanden war.

Da ging es dann schon um die als nötig erkannte Trennung, die von mir nicht vollzogen wurde, weil ich glaubte, damit rechnen zu müssen, daß Ruth sich etwas antat. Ich befand mich in einer klassischen Situation der seelischen Erpressung, die dem Mann der Tat in mir vollends die Fesseln anlegte. Zieht man dann noch in Betracht, daß auch meine lang strapazierte Beherrschung immer brüchiger wurde, daß ich bei Handgreiflichkeiten schon mal zurückschlug und immer häufiger Tränen der Verzweiflung weinte, dann blieb von dem, was man normalerweise unter Männlichkeit versteht, nicht mehr viel übrig. Auch ich war nun längst so weit, daß ich leiden wollte. Wenn ich blaß und geschmerzt den Tag begann, wenn ich mich in Nervenkrisen schüttelte und in meiner Kreativität immer mehr nachließ, dann in der Hauptsache, um nun meinerseits zu zeigen: »Sieh her, so bin ich durch dich – das hast du aus mir gemacht!«

Ruth reagierte auf meine Schwäche nach dem Prinzip der Waage: Ging ich runter, kam sie hoch. Sie gewann an Stärke, sie konnte trösten und bemuttern, und in gewisser Weise gestaltete sich dadurch unser chaotisches Zusammenleben erträglicher. Aber um welchen Preis! Ich stand am Abgrund einer bodenlosen Resignation, wußte, daß wir uns gegenseitig zerstörten, und glaubte, mich nicht wehren zu können. Ich gab mich selbst immer mehr auf, fand mich manchmal schon mit dem Gedanken ab, daß wir für ewige Zeiten so aneinandergekettet bleiben würden, und wäre gar bereit gewesen, Ruth zu heiraten, um ihrer nach Sicherheit hungernden Seele noch den letzten möglichen Beweis für meine Vertrauenswürdigkeit zu liefern. Aber soweit kam es nicht, denn eines Tages ereignete sich ein folgenreicher Eklat.

Unsere Streitereien entbrannten grundsätzlich an Nichtigkeiten und wuchsen sich zu stunden-, manchmal tagelangen Kriegszuständen aus. Ich selbst hätte es nie gewagt, in meiner Verzweiflung einfach die Tür zuzuknallen und zu verschwinden, wonach mir der Sinn wirklich oft genug stand. Ich mußte fürchten, daß Ruth in ihrem unkontrollierten Schmerz mit unserem Wohnungsinventar und mit sich selbst Fürchterliches anrichtete. Aber an jenem Tag befand ich mich während des Kampfes plötzlich doch draußen vor der Tür, allerdings nicht aufgrund eines eigenen mutigen Schrittes, sondern weil mich Ruth schlicht rausgeworfen hatte.

Etwas Besseres hätte ihr gar nicht einfallen können, und sie tat noch ein übriges: Sie schmiß mir alles hinterher, was ich brauchte, um autark zu sein. Musikinstrumente, Papiere, Autoschlüssel, Notenblätter, Manuskripte, Zahnbürste und Kleidungsstücke flogen durchs Treppenhaus. In atemloser Eile raffte ich alles zusammen, packte es ins Auto und verschwand für die nächste Zeit im Untergrund.

Ich kam bei einem befreundeten Ehepaar unter, das mir eine kleine Kammer hinter der Küche zur Verfügung stellte, in der ich mich zur Not verstecken konnte, falls Ruth den richtigen Verdacht hatte, bei wem ich wohnte. Ich verriet nur den wenigsten Menschen meinen Standort, und zwar mit der dringlichen Maßgabe, es ja für sich zu behalten. Ruth hatte tatsächlich keine Ahnung, wo sie mich hätte suchen sollen, und ich war entschlossen, diese unverhoffte Chance zu nutzen. Ich brauchte mir selbst keinen Vorwurf zu machen, schließlich hatte sie mich vor die Tür gesetzt und somit den Schwarzen Peter in der Hand.

Ich holte endlich einmal ganz tief Luft. Früher hatte ich mein Leiden in mich hineingefressen, hatte keinem Menschen irgend etwas über unser Beziehungselend anvertraut, um nicht den positiven Eindruck zu gefährden, den Ruth auf Außenstehende machte. Wir galten als Traumpaar, und niemand durfte erfahren, was hinter dieser Fassade faul war.
Nun mußte ich davon sprechen, um den eingeweihten Freunden mein Verhalten plausibel zu machen. Es tat mir ungeheuer gut, mir meinen Ballast von der Seele zu reden, und bei dem Bemühen, Ruth nicht unnötig in ein schlechtes Licht zu rücken, sondern ihr Verhalten als Folge ihrer Seelenpein begreifbar zu machen, konnte ich nicht nur feststellen, daß ihr sehr viel Verständnis und Mitgefühl entgegengebracht wurde, sondern auch daß ich selbst noch frei war von Haßgefühlen. Mir tat Ruth doch wesentlich mehr leid als ich mir selbst, und trotzdem wollte ich nicht nachgeben. Ich wollte nicht zu ihr zurückgehen.
Nach etwa zwei Wochen absoluten Schweigens, in denen ich mich nur indirekt über ihren sich offenbar bessernden Zustand informierte, kam dann durch Vermittlung von Freunden, die mit uns beiden Kontakt hielten, ein erstes Gespräch auf neutralem Boden zustande. Ruth hatte mir mitteilen lassen, daß sie alles sorgfältig durchdacht habe und saß sie bereit sei, ohne Vorbedingungen über eine neue Gestaltung unserer Beziehung zu reden. Das hatte fast den Charakter von hoher Politik zwischen zwei kriegführenden Nationen, die ihren Konflikt auf diplomatischem Weg beizulegen versuchen.
Ich war bereit, mich mit ihr zu treffen. Ich wollte klare Verhältnisse schaffen, und nachdem ich endlich zu einer konsequenten Haltung zurückgefun-

den hatte, sah ich keine Gefahr, in den alten Trott zurückzuverfallen.
Als wir uns in einer Kneipe trafen, konnte ich feststellen, daß Ruth tatsächlich eine erstaunliche Wandlung durchgemacht hatte. Sie meinte, es wäre sicher besser für uns, wenn ich zumindest für einige Zeit eine eigene Wohnung nehmen würde, sie habe eingesehen, daß sie sich mir gegenüber nicht immer richtig verhalten habe, ich bräuchte mehr Freiheit, um mich entfalten zu können, und so weiter. Entscheidend war aber vor allem, daß sie beschlossen hatte, sich selbst zu verändern und sich zu diesem Zweck in psychotherapeutische Behandlung zu begeben.
Ich kroch, wenn auch noch zögernd, aus meinem Versteck. Zunächst blieb ich bei meinen Freunden und suchte von dieser sicheren Basis aus nach einem Appartement, aber das war ein fast aussichtsloses Unterfangen bei der Wohnungsmarktlage und meinen Finanzen; dann zog ich wieder in unser gemeinsames Heim und suchte von dort aus weiter; dann hörte ich auf zu suchen, und wir waren wieder beieinander – allerdings wirklich unter veränderten Voraussetzungen.
Ruth nahm zunächst an Therapiegruppen teil, später hatte sie Einzelstunden, und das alles bei meiner unterdessen praktizierenden Selbsterfahrungsgenossin Betsy, auf die Ruth vorher sehr eifersüchtig gewesen war. Es war bewundernswert, mit welcher Energie sie sich an die Veränderung ihrer selbst und damit der Bedingungen unseres Zusammenlebens machte. Sie räumte mir Freiheiten ein, die für sie einen schmerzhaften Verzicht auf die Erfüllung ihrer Bedürfnisse nach emotionaler Sicherheit bedeuten mußten. Doch ich durfte keine Rücksicht darauf

nehmen, wollte ich nicht in den vorherigen Zustand zurückgeraten.
Ich betätigte mich wieder musikalisch, hatte hier wie auch anderweitig endlich wieder Erfolgserlebnisse. Es machte sich in mir eine Zuversicht breit, die nach alldem, was vorher gewesen war, nur als erstaunlich zu bezeichnen war, denn sie erstreckte sich auch auf unsere gemeinsame Zukunft.
Doch nach und nach mußte ich merken, daß die Liebe zu Ruth nicht mehr zu einem dauerhaften neuen Leben zu erwecken war. Sie flackerte zwar hin und wieder auf, doch die Flamme wurde immer kleiner, und schließlich erlosch sie ganz. Die Wirkung des niedergegangenen Dauerregens war doch nicht wiedergutzumachen.
Zunächst hatte es mich gefreut zu sehen, wie hoffnungsvoll Ruth an ihrer Beziehung zu sich und zu mir arbeitete, dann rührte es mich nur noch, und zuletzt belastete es mich. Die wiedererlangte relative Freiheit genügte mir nicht. Ich wollte mehr, und mit Ruth glaubte ich meine Vorstellung vom Freisein nicht verwirklichen zu können. So mußte ich mit ansehen, wie sie ihre bewundernswerten Anstrengungen zu einem Zeitpunkt vollbrachte, als es bereits zu spät war. Gemeinerweise eröffnete mir jedoch ihre zunehmende Stabilisierung die Möglichkeit, mich von ihr zu trennen, ohne die Folgen befürchten zu müssen, die mir in früheren Zeiten unvermeidbar erschienen waren.
Es war eine zwiespältige Angelegenheit, als Betsy es für richtig hielt, daß wir beide gemeinsam zu den Therapiestunden kamen. Einerseits hatte ich jedes Interesse verloren, unsere Beziehung wieder gesund zu machen, andererseits bedeutete das für mich aber auch die Chance, unter dem Schutz eines dritten

Menschen, dessen Objektivität auch Ruth anerkannte, die Trennung zu vollziehen.
Bei dieser gemeinsamen Therapie gab es allerdings noch einen anderen wichtigen, weil typischen Gesichtspunkt, den ich nicht übergehen möchte. Ein moderner Mann wird es zwar völlig in Ordnung finden, daß sich seine Partnerin die neuesten Erkenntnisse der Psychologie zunutze macht. Er wird ihre Initiative begrüßen, auf diesem Weg zu sich selbst zu finden – vielleicht könnte das ja auch zu etwas mehr Friede im Haus führen. Aber er selbst hält sich natürlich für kerngesund. Wenn mit ihm schon irgendwas nicht ganz in Ordnung sein sollte, dann erstens nur wegen der Frau, die sich ja aus Gründen psychotherapeutisch behandeln läßt, und zweitens kann ein Mann so was ja wohl alleine regeln. Er muß sich doch deswegen nicht gleich einer Überprüfung seiner Seele unterwerfen.
Das mag etwas übertrieben klingen, aber ich habe viele Männer in entsprechenden Situationen ähnliches sagen hören, oder sie verstecken eine solche Einstellung hinter anderen unbeholfenen Argumenten. Warum hätte es mir soviel anders gehen sollen? Obwohl ich mit Betsys Therapiemethoden sehr einverstanden war, hatte ich doch Vorbehalte, als es nun darum ging, ihre Anwendung als Betroffener zu erleben. Ich wehrte mich innerlich gegen die Therapie, und so konnte sie bei mir auch nicht viel bewirken, obwohl ich das sicher gut hätte brauchen können.
Mein Mitmachen hatte also eigentlich nur den Zweck, irgendwann eine dieser gemeinsamen Therapiestunden als Sprungtuch zu benutzen, in das ich Ruth aus der gefährlichen Höhe unserer langjährigen Gemeinsamkeit stoßen konnte. Ich war feige,

gewiß! Nach der gängigen Einschätzung dessen, was männliche Qualitäten ausmacht, sieht man einer Frau gerade ins Gesicht und sagt ihr: »Du stinkst mir, und deshalb möchte ich meine nähere Zukunft in deiner Abwesenheit verbringen!«

Aber was heißt schon Feigheit, wenn man einen zuvor geliebten Menschen nicht verletzen will, nachdem man in eine fehlgeplante Zwangslage gekommen ist. Ich will mich nicht reinwaschen, aber warum hätte ich mich gerade in dem Stadium unserer Gemeinsamkeit mutig verhalten sollen, in dem ich zufällig ein bißchen Stärke zurückgewonnen hatte? Mut hat dann einen Sinn, wenn er von Anfang an Bestandteil einer zwischenmenschlichen Beziehung ist und nicht erst in Erscheinung tritt, wenn man gerade zufällig Oberwasser hat.

Es dauerte geraume Zeit, bis der richtige Augenblick gekommen schien. Wenn wir zusammen bei der Therapie waren, pumpte ich meist wie ein Maikäfer, der sich auf den Abflug vorbereitet, doch ich legte die Flügel immer wieder an und verschob den Start in Erwartung noch günstigerer Bedingungen. Aber eines Tages war es endlich soweit. Unter den Fittichen von Betsys Mitverantwortlichkeit äußerte ich meinen unumstößlichen Entschluß, mich von Ruth zu trennen, und flog ab in die Freiheit.

Natürlich war das ein Schock für Ruth, die immer noch auf eine glückliche gemeinsame Zukunft hoffte, aber sie war unterdessen tatsächlich so weit gefestigt, daß sie meine Entscheidung traurig, aber gefaßt akzeptierte. Es gelang uns in der Folgezeit, ohne schmerzliche Widerwärtigkeiten, unsere ineinander verkeilten Lebensanteile zu entwirren und uns auf einen jeweils besseren, weil eigenen Weg zu machen.

Das traurigste, aber auch eindrücklichste und lehrreichste Kapitel meines Lebens war abgeschlossen, und das Ende war noch rechtzeitig eingetreten, bevor sich der Bazillus der Bitterkeit in meiner Seele eingenistet hatte. Ich habe nie die Neigung verspürt, Ruth den Vorwurf zu machen, sie habe mich um wichtige Jahre meines Lebens betrogen. Im Gegenteil, ich war immer überzeugt, daß sie mich bereichert hat, und ob ich diese Einstellung nun einem Lebenskunstgriff zu verdanken habe oder nicht, was soll's, für mich ist es schön zu wissen, daß ich diese Frau nach wie vor sehr verehre.

Als gründlich veränderter Mensch konnte ich nun dort weitermachen, wo ich vor fast fünf Jahren aufgehört hatte. Das war zunächst nicht einfach, denn in der langen Zeit der Isolation hatte ich durch Mangel an Gelegenheit den vormals mühelos gewordenen Kontakt mit Menschen wieder weitgehend verlernt. Vor allem der Umgang mit weiblichen Menschen war mir ja praktisch verwehrt gewesen, und so mußte ich gerade auf diesem holprigen Gelände erst wieder neue Gehversuche machen. Aber der Rausch der Freiheit, der mich überkam, verlieh mir diesmal Flügel, die nicht aus Wachs waren.
Meine Überzeugungen hatten durch die Schwierigkeiten mit Ruth nicht gelitten. Ich mußte sie nur aus der Kühltruhe nehmen, aufwärmen und sie wieder leben lassen. Natürlich ging nicht alles glatt, manchmal kostete es gehörige Anstrengungen, um aus der wiedergewonnenen Ungebundenheit das zu machen,

was ich mir von ihr versprach. Aber es war ein herrlicher Zustand des bewußten Erlebens. Ich fühlte mich wie ein Kind, das man, um es nicht zu verwöhnen, erst viel später als andere Kinder in einen Märchenwald gehen läßt, wo es dann aber zur Belohnung so lange bleiben darf, wie es mag.
Meine Fähigkeit, mich zu freuen, war nicht verlorengegangen, im Gegenteil, sie hatte noch gewonnen durch ein ständiges Gefühl der Dankbarkeit, daß jetzt alles so viel einfacher war. Und wenn mir in meiner veränderten Gegenwart etwas nicht gleich glückte, dann brauchte ich nur die traurige Vergangenheit zum Vergleich heranziehen, und schon war jede Enttäuschung verflogen.
Mein neues Lebensgefühl machte mich unabhängig von konkreten Erfolgen, und eine solche Unabhängigkeit ist der wirksamste Dünger für den Acker, auf dem die sogenannten Früchte des Lebens gedeihen sollen. Die Wechselwirkung zwischen Innen- und Außenleben zeigte sich immer mehr nur von ihrer positiven Seite. Je mehr meine Seele im Aufwind an Höhe gewann, um so besser ging es mir auch im beruflichen Bereich. Ich wollte nur noch das tun, was mir Spaß machte und womit ich bei größtmöglicher Befriedigung das Geld verdienen konnte, das ich für ein einigermaßen sorgloses Leben brauchte. Meine wachsende Lebensfreude wirkte sich aber auch auf meinen Umgang mit Menschen aus, und dabei nahmen die Frauen einen noch geräumigeren Platz ein als in dem Selbsterfahrungsfrühling vor der Ära Ruth.
Die lange Fixierung auf einen Menschen und die erlebte Ernüchterung hatten meinen Glauben in Kraft und Schönheit der Liebe und der Zärtlichkeit nicht gebrochen, sondern mein Bedürfnis nach Geben und

Nehmen dieser Köstlichkeiten nur gesteigert. Doch nichts lag mir begreiflicherweise ferner, als mich in absehbarer Zeit erneut auf eine engere Bindung einzulassen. Gegen den Anspruch auf Ausschließlichkeit war ich nachhaltig geimpft. Ich wollte unbegrenzt freundschaftliche und sexuelle Kontakte pflegen; ich wollte viele Beziehungen erleben, die sich ohne Anspruch auf Ewigkeit so lange trugen, wie es ihre Qualität zuließ; ich wollte Gefühle auskosten, ohne sie durch Versprechungen und Vortäuschung falscher Inhalte zu belasten; ich wollte mich nie wieder auf Treue im üblichen Sinn festlegen, deren Inhalt mir durch meine Erfahrungen mit Ruth fragwürdig geworden war; ich wollte nicht mehr lügen müssen. Die Möglichkeit, durch die ehrliche Äußerung meiner Ansichten eine Frau zu verschrecken, stellte für mich kein Risiko mehr da. Wenn sie das Gefühl hatte, mit meiner Einstellung ganz und gar nichts anfangen zu können, dann war es gut, das zu wissen und den Umgang miteinander auf geistiger Ebene zu belassen oder ihn gegebenenfalls, bei zu großen Gegensätzlichkeiten, sanft zu beenden. Wenn sie jedoch meine Gedanken akzeptierte, möglicherweise sogar mit mir übereinstimmte, dann wurden die Grenzen zwischen geistiger und körperlicher Kommunikation fließend.

Wenn man sich mag und gut versteht, hat man eigentlich das natürliche Verlangen, einander immer näherzukommen. Die Nähe, die sich im Gespräch, in Gesten und Empfindungen spüren läßt, sollte nicht durch den Gedanken gebremst werden, daß eine weitere Annäherung nur mit einem gewichtigen Schritt zu erreichen ist, der erklärtermaßen auf eine höhere Stufe der Gemeinsamkeit führt. Wie oft hält uns die vermeintliche, durch moralische Vorbehalte gegrabene Kluft zwischen der geistigen und der körperlichen Zuwendung davon ab, mit weichen Übergängen, bei denen man nichts spürt außer der wachsenden Zuneigung, die allergrößte Nähe zu suchen. Und die erleben wir, wenn wir nackt beieinanderliegen, wenn sich alle Poren der Seele öffnen unter dem Ansturm von Zärtlichkeit und Lust.

Nach der üblichen Einschätzung weiblicher Empfindlichkeiten und Wertvorstellungen hätte ich eigentlich mit meiner Art, mich zu Liebesdingen zu äußern, ständig auf Granit beißen müssen. Das deutliche Bekenntnis zu meinem Freiheitsbedürfnis hätte sich als lästige Barriere erweisen müssen bei meinen Versuchen, in diese allergrößte Nähe zu geraten. Aber meine Erfahrungen waren ganz anders. Ich erlebte in einem erfreulichen Ausmaß nicht nur Verständnis für meine Denkweise, sondern auch gesunden Egoismus, der viele Frauen zu einer unerwarteten Gegenwartsbezogenheit befähigte.

Der Wert der momentanen Vertrautheit und des Sich-zueinander-hingezogen-Fühlens gewann sehr oft das Gerangel mit den anerzogenen Vorstellungen von der Langfristigkeit einer Beziehung, die einen sexuellen Kontakt zu legitimieren hat. Das als grundsätzliche weibliche Eigenschaft unterstellte Investieren unwiederbringlicher Seelenanteile entpuppte sich immer deutlicher als Finte männlichen Selbstbetrugs. Ich kam zu der ermutigenden Erkenntnis, daß eine Frau, die die Lust liebt, auch Lust hat, sie zu erleben!

Selbst wenn manche Frauen, die eigentlich Freude an der Sexualität empfinden, durch den Bremsklotz der verinnerlichten Moral am Eingehen auf ihre eigenen Wünsche gehindert werden, so begründet das noch lange nicht die leichtfertige Einschätzung, zu der wir

Männer neigen, daß nämlich der Grund für den Widerstand einer Frau fast immer in ihren moralischen Vorbehalten zu suchen ist. Der Gedanke, daß sie sich vielleicht nur deshalb zögernd oder ablehnend verhält, weil sie sich von einem kurzfristigen Sexualerlebnis keinen oder kaum einen Lustgewinn verspricht, paßt nicht so recht zu unserer Sicht der Dinge, die dadurch bestimmt ist, daß wir Lust und Befriedigung normalerweise unkomplizierter erleben können als Frauen.

In meiner übermächtigen Sehnsucht nach Zärtlichkeit übte ich mich oft in der männlichen Kunst, vorhandene Widerstände hinwegzureden, wenn ich glaubte, deutliche Anzeichen von Sympathie entdeckt zu haben. Hatte ich damit Erfolg und entpuppte sich der vorherige Widerstand nicht als nur moralischer Vorbehalt, konnte ich immer wieder die Erfahrung machen, daß Frauen, die sich entgegen ihrer mangelnden Erfolgsaussichten auf Lustempfindungen in die Nacktheit begaben, sich nach und nach lösten. Sie gelangten zu einer Harmonie mit sich selbst und mit der Situation, wenn sie merkten, daß es mir genausowenig wie ihnen nur um die ›Penetration‹ ging.

Den eigentlichen Koitus rückte ich jedoch nicht etwa aus Vorsicht, Strategie oder aus therapeutischen Gründen an den Rand des Geschehens. Für mich selbst war es genauso wichtig geworden, das bewußte Genießen der Nähe, der Nacktheit und der Wärme nicht durch den Geschlechtstrieb vernebeln zu lassen. Meine Erlebnisse mit Ruth hatten mich nicht nur für die Gefühlswelt der Frauen sensibilisiert, sondern mir auch Anlaß genug gegeben, mir über Natur und Unnatur meiner Männlichkeit Gedanken zu machen. Ich hatte keine Lust mehr, den Torrero zu spielen – und schon gar nicht den Torro!

Vorhin war die Rede von den fließenden Grenzen zwischen geistiger und körperlicher Kommunikation. Ich meine damit nicht nur den Übergang vom Gespräch zum Geschlechtsverkehr. Genauso wie vorher das Miteinanderreden durch Streicheln und Schmusen gewinnt, so kann das Miteinanderschlafen durch Schweigen verlieren.
Ich könnte mir vorstellen, daß eine Frau, die sich ihrer selbst nicht ganz sicher ist, es als fast unheimlich empfindet, wenn ein Mann neben ihr liegt und mit der deutlichen Tendenz, alsbald auf ihr zu liegen, nur noch Geräusche produziert, nachdem er den ganzen Abend mit ihr wortreich und charmant geplaudert hat. Die vorher entstandene Vertrautheit kann dadurch sicher einen empfindlichen Knacks bekommen.
Daß wir Männer dazu neigen, uns unter Zurückhaltung liebevoller, ernster oder heiterer Worte per Brummen und Schnurren zu äußern oder gar ganz stumm zu bleiben, ist sicher nicht nur auf den alles übermannenden Trieb zurückzuführen. Ich glaube, das hat eine ganze Menge mit Verlegenheit zu tun.
Ich denke dabei nicht an jene Routiniers, die sich mit abgeschotteter Seele ans Geschäft machen und sich nach den entsprechenden Handgriffen im für sie rechten Moment auf den begehrten Leib der Dame wälzen, um sich programmgemäß zu befriedigen. Ich denke an diejenigen von uns, die sich im Grunde immer dem Zufall ausgeliefert fühlen, wenn sie mit einer Frau zum ersten Mal schlafen.
Das, was da auf uns zukommt, was wir eigentlich als rundum schönes Abenteuer empfinden sollten, das

stellt sich für uns, wie bewußt oder unbewußt auch immer, in erster Linie als zu lösende Aufgabe dar. Und wenn man eine Aufgabe zu lösen hat, von der man zwar die einzelnen Faktoren kennt und auch das, was dabei rauskommen soll, bei der man jedoch erst Plus- und Minuszeichen setzen muß, um tatsächlich ein schlüssiges Ergebnis herzustellen, dann kann man schon ganz schön verlegen werden!

Schuld an dieser Diskrepanz zwischen dem möglichen unbeschwerten Genuß und der Last, eine Aufgabe lösen zu müssen, ist mal wieder die unselige Verteilung der Rollen. Wir Männer haben auch hier das Gesetz des Handelns an uns gezogen, und die Frauen haben sich darauf eingelassen: Sie reagieren ebenso stumm, wie wir stumm agieren, und sind deshalb immer darauf angewiesen, daß wir uns richtig verhalten.

Woher sollen wir jedoch wissen, was einer Frau guttut? Niemand hat es uns beigebracht. Wir wissen zwar, daß es wünschenswert ist, eine Frau zu befriedigen – aber wie sollen wir das anstellen? Es wäre schön, wenn die Frauen verstehen würden, daß sie mit der Äußerung ihrer Wünsche nicht nur sich selbst helfen, sondern auch uns Männern.

Denn wo sollen wir uns sonst orientieren? Wer hat schon Lust, sich an trostlosen Aufklärungsschriften auszurichten, die das Sexualglück meist nur im Rahmen eines ehelichen Langzeitexperiments in Aussicht stellen. Sollen wir etwa den Arzt fragen oder den Herrn Pfarrer, unsere Väter, Freunde oder Kollegen? Die einzigen, von denen wir Entscheidendes erfahren können, sind die Frauen.

Ohne ihre Informationen sind wir auf Ahnungen angewiesen, und mit denen liegen wir nur allzuleicht schief, denn die Erwartungen der Frauen sind individuell sehr unterschiedlich. Die einzige Sicherheit, die ich immer glaubte haben zu dürfen, war die, daß eine Frau Zärtlichkeit liebt. Aber wann fühlt sie sich durch Streicheln und Küssen eher abgelenkt beim Streben nach dem Höhepunkt, wann wünscht sie sich, daß Sanftheit in Kraft übergeht? Stört die Kontinuität eines bestimmten Reizes die Empfindung, oder wird sie dadurch intensiver? Fühlt sie sich durch Heftigkeit der Bewegungen und Geräusche eher erregt oder ausgeliefert? Mag sie meine Hände lieber hier, da oder dort – und vor allem: wie kündigt sich denn nun der unaufhaltsame Orgasmus an? Wann kann ich denn nun tatsächlich nichts mehr falsch machen und mich endlich befreit von der Verantwortung mit in den weichen Abgrund stürzen?

Fragen noch und noch, die sich ein Mann entweder stellt und damit Gefahr läuft, seine eigenen Empfindungen zu bremsen, oder die er sich nicht stellt und damit riskiert, als mieser Egoist verurteilt zu werden. Um uns die traurige Auswahl zwischen diesen beiden Übeln zu ersparen, wäre es sehr wünschenswert, wenn die Frauen sich mit größtmöglicher Deutlichkeit äußern würden. Es muß ja nicht durch Worte sein, es gibt unmißverständliche Gesten und Mittel der Körpersprache, die sehr viel helfen können. Wir sollten die Angst verlieren, uns gegenseitig durch Klarheit zu verletzen. Mit gesundem Egoismus schafft man sich selbst den nötigen Raum zur Entfaltung, ohne den anderen einzuschränken. Und wenn eine Frau bei der Äußerung ihrer Bedürfnisse auf negative Reaktionen seitens eines Mannes stößt, so sollte sie sich nicht den Vorwurf machen, ihn verunsichert zu haben – er war es vorher schon. Der nächste Mann wird vielleicht sehr dankbar sein, wenn sie ihn durch Klarheit von seiner Ratlosigkeit befreit. Besonders groß ist diese Ratlosigkeit, wenn es um den Höhepunkt geht, da er sich bei der Frau nicht grundsätzlich so eindeutig anzeigt wie beim Mann. Und gerade heute herrscht größere Verunsicherung als je zuvor, denn mit dem weiblichen Orgasmus hat sich in den letzten Jahren Verwirrendes abgespielt.

Als die Frauen begannen, sich sexuell zu emanzipieren, bekamen wir zu hören, daß wir gefälligst auch ihr Recht auf Orgasmen anerkennen sollten. Das gab sicher manchen wichtigen Denkanstoß, der die Bedeutung des weiblichen Höhepunkts erweiterte. Er konnte nun nicht mehr nur als Beweis für die männliche Potenz herhalten. Aber kaum begannen wir das gewünschte Interesse am ›Ob oder ob nicht‹ zu äußern, schon wurde es den Frauen lästig. Hatten sie sich vorher zu wenig beachtet gefühlt, so fühlten sie sich bald zu sehr beobachtet.

Was für Reaktionen habe ich schon erlebt, wenn ich eine Frau sorgsam gefragt habe, ob es ihr denn so richtig gutgegangen sei. Das reichte von einem »Aber ja doch« – in Klammern: Zum Donnerwetter! – bis zu einem »Laß mich doch bitte meinen Orgasmus haben, wann ich will« – in Klammern: Das geht dich einen feuchten Kehricht an! Dazwischen lagen Äußerungen wie: »Hast du denn das nicht gemerkt?« oder »Aber so was spürt man doch!« Da klingt der Vorwurf mangelnder Sensibilität mit, und der trifft genauso zu, wie wenn man einem Arzt sagt, er hätte doch eigentlich sofort auf Tuberkulose tippen müssen, als der Patient so seltsam lachte.

Die Merkmale äußerster Lustempfindung bei Frauen sind fast so verschieden wie Fingerabdrücke. Es gibt unzählige Varianten zwischen lautstarkem Jauchzen und atemloser Stille, zwischen ekstatischer

Turbulenz des Körpers und aboluter Bewegungslosigkeit. Manchmal befindet man sich eben mitten im Krater eines ausbrechenden Vulkans, ein anderes Mal ahnt man nur ein Beben, und trotzdem hat sich der gleiche Vorgang ereignet. Es wäre schön, wenn Frauen über ihre Orgasmusreaktionen miteinander reden würden, um ihre Unterschiedlichkeiten feststellen zu können, sie würden dann wohl nie wieder von einem Mann verlangen wollen, daß er genau weiß, wann bei ihnen der Höhepunkt an die Tür klopft und wann er dann wirklich eintritt.

Was soll also ein Mann tun, dem es nicht nur um seine eigene Befriedigung geht? Soll er sich vergnügt auf die Schenkel klopfen und sich sagen: »Sieh mal an, jetzt haben die Weiber sich zum Ausgleich für unsere Potenzängste einen eigenen Leistungsdruck geschaffen«? Soll er sich auf den Standpunkt zurückziehen, na, wenn das so ist, dann will ich diesen Leistungsdruck nicht noch erhöhen durch mein Gefrage? Oder soll er in jedem Fall die Gewißheit suchen, auch auf die Gefahr hin, daß es zu atmosphärischen Störungen im Bett kommt? Die Situation ist heute verworrener denn je. Wenn wir eine Frau auf ihren Orgasmus ansprechen, kann sich das entweder beglückend oder verheerend auswirken; wenn wir eine Frau *nicht* auf ihren Orgasmus ansprechen, kann sich das entweder verheerend oder beglückend auswirken!

Wenn den Frauen heutzutage in der ach so offenen Diskussion ihrer sexuellen Problematik Brocken hingeworfen werden wie ›klitoraler oder vaginaler Orgasmus‹, dann haben nicht nur sie damit Verdauungsschwierigkeiten, sondern auch wir Männer. Die uns selbst gestellte Frage »Ist sie nun ein klitoraler oder ein vaginaler Typ?« kann sich genauso ver-

hängnisvoll auswirken wie die Festlegung einer Frau auf eine dieser beiden Möglichkeiten.
Ich meine, auf die Natur ist mehr Verlaß als auf die Absonderungen wissenschaftlicher Gehirne. Wenn wir Männer den Frauen nicht durch die Fixiertheit auf unseren Phallus sogenannte Penetrationsängste einjagen, wenn die Frauen uns Männern andererseits nicht die übertriebene Beachtung ihrer Klitoris zum Auftrag machen, wird sich der Orgasmus nicht nur vaginal oder klitoral entwickeln, sondern auch da, wo sich ganz entscheidende Keimzellen der Lust befinden: in einer unbeschwerten Seele.

Im Grunde sind wir Männer auf der Suche nach einem allseits gültigen ›Know-how‹, wir werden es aber nie besitzen, weil sich technische Gesetzmäßigkeiten eben auf Menschen nicht anwenden lassen, selbst wenn wir sie aus Not als Sexualobjekte betrachten. Besonders bedenklich wird es, wenn wir das Vakuum der Unwissenheit anhand von pornografischem Anschauungsmaterial zu füllen versuchen!
Bis vor einiger Zeit fühlte ich mich solidarisch, wenn sich Frauen gegen die Darstellung des weiblichen Körpers als Lustobjekt zur Wehr setzten, wenn Musterprozesse von Frauenorganisationen gegen verkaufserotische Titelblätter angestrengt wurden, wenn Farbbeutel und Steine gegen Sex-Shops geworfen wurden und dergleichen mehr. Heute bin ich der Meinung, daß die Männer sich selbst genausoviel Schaden zufügen wie den verunglimpften Frauen. Gekonnt fotografierte Zuckerhautpopos und knackige Jungbrüste auf Illustrierten, der Soft-Sex entkleideter Damen auf den Ausklappseiten gehobener Männermagazine reißen eine tiefe Kluft auf

zwischen Wunsch und Wirklichkeit. Das Angebot dieser Mischung aus Sauberkeit und Verderbtheit ist perfide, denn die Chance des Normalmannes, je eine solche Frau um sich zu haben, ist gleich Null.
Noch viel schlimmer ist allerdings die Verwirrung der Maßstäbe, die der Konsum von Pornografie auslösen kann. Was einem Mann da an männlichen Superleistungen und schrillen Weiberlüsten als real vorgegaukelt wird, muß ihn erzittern lassen, wenn er es an dem Spektrum seiner eigenen Möglichkeiten mißt.
Ein weibliches Sexualverhalten, wie es in solchen Machwerken nach den pervertierten Wunschvorstellungen der Männer von Männern inszeniert wird, ist nun mal in der Realität höchst selten zu finden. Wo sind sie nur, die Frauen, die in wilder Geilheit nach einer Spermaladung in sämtliche Körperöffnungen brüllen? Wo sind sie nur, die begierigen Schönen, denen bei solch rüdem bis brutalem Geschwätz nicht das Kotzen kommt, sondern die unbändige Lust, sich von dem edlen Spender dieser miesen Worte endlich fertigmachen zu lassen? Tarnen sie sich womöglich mit Anstand und bravem Verhalten im Bett? Muß man sie hinter sich selbst hervorlocken, indem man sich so benimmt wie der Chauffeur im Pornostreifen, der in kürzester Zeit mit unbeweglichem Gesicht und vernichtender Potenz nicht nur seine Chefin, sondern auch noch das Dienstmädchen, die Köchin und die zwei Töchter des Hauses in Grund und Boden und absolute Glückseligkeit bumst? Je mehr ein Mann sich fragt, ob seine Sexualtechnik richtig ist, desto mehr besteht die Gefahr, daß er sich falsch verhält, und je mehr er sich in seiner Orientierungslosigkeit von pornografischen Lügen beeindrucken läßt, desto größer wird diese Gefahr.

Das wichtigste Anliegen der Pornografie ist es, unserem durch eigenes Verschulden ins Exil gejagten König Phallus wieder die Krone aufzusetzen, ihn mit einem Hofgepränge zu umgeben und bei einer getreuen, ewig gestrigen Anhängerschar die Hoffnung am Leben zu erhalten, die glanzvollen Zeiten seiner Alleinherrschaft seien wiederherstellbar. Unterdessen hat sich jedoch in seinem ehemaligen Machtbereich ein Sinneswandel vollzogen, der seiner triumphalen Wiederkehr zu alter Pracht jegliche Grundlage entzogen hat. Es ist nicht leicht für uns Männer, die Wahrheit an uns heranzulassen, daß unser König von seinen Untertanen noch nie so geliebt war, wie wir uns das immer selber vorgemacht haben. In den Zeiten vor dem Sinneswandel war es noch einigermaßen möglich, uns bezüglich der begeisternden Wirkung unseres Allerheiligsten selbst zu täuschen, weil die Frauen es für ihre Pflicht hielten, ihm Respekt zu zollen. Heute sind sie dazu nicht mehr bereit, und das ist gut so. Aber das sollte nicht zu einer unüberwindlichen Abneigung führen. Wenn unser Penis seinen Herrschaftsanspruch aufgibt, hat er es verdient, nicht nur geduldet, sondern auch richtig gern gehabt zu werden.

Aber da gibt es natürlich festgebackene Vorurteile unserem zentralen Organ gegenüber, die seitens der Männer zu positiv, seitens der Frauen zu negativ sind, und die heißt es erst einmal zu beseitigen. Sie werden allerdings leider schon so früh und deshalb so tief in uns gesetzt, daß es ganz schön anstrengend sein kann, sie auszumerzen. Von der Zeit an, wo dem männlichen Winzling das hellblaue Strampelhöschen ausgezogen wird und die natürlichermaßen erotisierte Mutter den niedlichen Pimmel liebkost oder wo der stolze Vater saftige Worte über die spätere Mannhaftigkeit seines Sohnes spricht, entwikkelt sich die Beziehung des Mannes zum eigenen Geschlechtsteil logischerweise positiver, als es bei einer Frau der Fall sein kann. Dem weiblichen Winzling wird das rosafarbene Strampelhöschen ausgezogen, die Mutter hat keinen Grund, auf das kleine Geschlecht stolz zu sein, wo ihr doch schon das eigene eher suspekt ist, und der unnatürlichermaßen nicht erotisierte Vater wird sich hüten, das niedliche Schlitzchen zu liebkosen. Während der Penis, von seinem Besitzer gehegt und gepflegt, allmählich zum Prachtstück gedeiht, wird die Vagina immer mehr zu einem tabuisierten, anonymen ›Das da unten‹.

Die Bezeichnung Schamgegend sagt es überdeutlich, daß sich dort nichts Erfreuliches befinden kann, und ich mußte es oft erleben, daß Frauen trotz erheblich gelockerter Moralvorstellungen, trotz deutlicher Freude an der Sexualität immer noch eine unbestimmte Abneigung und Fremdheit gegenüber ihrer Vagina mit sich herumtrugen. Sie hatten keine Ahnung, wie ›Das da unten‹ aussah und beschaffen war, und sie konnten nicht begreifen, warum ich es so wunderschön fand.

Die Verteufelung der Schamgegend erschwert den Frauen aber nicht nur ein positives Verhältnis zum eigenen Geschlechtsteil, sondern auch zum Penis. Da uns Männern dieser Umstand viel zu selten bewußt ist, kann es nur zu einer Vertiefung der Vorbehalte führen, wenn wir unser Prachtstück als unwiderstehlichen Leckerbissen aus der Schlachtschüssel auf den Teller donnern, anstatt behutsam die mögliche Scheu überwinden zu helfen und aus einem natürlichen Interesse allmählich Vertrautheit und Zuneigung entstehen zu lassen.

Die Unterstellung, Frauen litten unter Penisneid, ist

eine dümmliche Schutzbehauptung. Warum sollten sie uns wohl um dieses Attribut beneiden, das sie in seiner selbstgefällig-aggressiven Präsentation nur zu oft als bedrohlich empfinden? Ernster nehmen sollten wir da schon die andere sexualwissenschaftliche Begriffsschöpfung der Penisangst, denn die bekommt der weibliche Mensch nicht in die Wiege gelegt, sie entsteht allein durch unser Verhalten.

Nach meiner Trennung von Ruth wollte ich meine neue Freiheit nützen, um meiner Emanzipation als Mann möglichst viele Impulse zu vermitteln. Das, was sich unter dem Begriff der Männlichkeit an üblen Eigenschaften angesammelt hat, zeigt sich ja nicht nur in unserem Verhältnis zum anderen Geschlecht. Der Kampf gegen unsere erziehungsbedingten Verhärtungen und unsinnigen Verhaltensnormen muß auch auf anderen Feldern ausgetragen werden.

Ein Mann, der es für unter seiner Würde hält, jemals zum Staublappen zu greifen, in dessen Bild der Männlichkeit kein Platz ist für Wäschewaschen, Aufräumen oder Küchenarbeiten, ein solcher Mann wird es sehr schwer haben, sich zu organisieren, wenn er allein lebt. Er wird immer darauf angewiesen sein, daß ihm eine helfende Hand die ›Weiberarbeit‹ erledigt, und wenn er die Finanzierung einer Putzfrau und des Essens im Restaurant scheut oder nicht verkraften kann, wird er sich entweder eine Beziehung anschaffen, oder er verkommt zur Karikatur des verschlampten Junggesellen, der zwischen

ungespültem Geschirr und vergammelten Speiseresten aus der Büchse ißt.
Mit dieser gelinden Übertreibung will ich nur auf die Abhängigkeit verweisen, die entstehen kann, wenn wir unsere Männlichkeit zum Fetisch machen, der bis in die schmutzige Wäsche hinein wirkt. Was ist das für eine Würde, die sich erschüttern läßt durch ein geschwungenes Geschirrtuch? Es ist eine Würde, die spätestens dann flötengeht, wenn den Männern, die sich ein Leben lang nur mit großen Dingen abgegeben haben, diese großen Dinge genommen werden, weil sie dafür zu alt sind; wenn sie den kleinen, bisher mißachteten Dingen gegenüber hilflos sind und als belächelte oder verhaßte Trottel im Sessel hocken und sich von der Frau einen Tee kochen lassen, weil sie es nie gelernt haben, selber einen zu machen; wenn sie von vergangenen Heldentaten schwadronieren und nicht einmal in der Lage sind, ihre Fingernägel selber zu schneiden. Der Professor, dem die Frau jeden Morgen die passenden Socken hinlegen muß, bevor er zur Vorlesung geht, kann seine Hilflosigkeit durch brillante Geistestaten verdecken; der Fabrikarbeiter, dem die Frau täglich die Butterstulle in die Hand drückt, schafft das durch kraftvolles Bedienen einer Maschine; aber was wird, wenn sie am Lebensabend diese ausgleichenden Beweise ihrer Männlichkeit nicht mehr vollbringen dürfen? Da schrumpeln sie unter Umständen zusammen wie ein Luftballon, aus dem man die Luft rausläßt.
Es gibt zwei Phasen im Leben eines Mannes, in denen er mit einer Überlegenheit der Frauen rechnen muß. Die erste passiert vor der Pubertät, wenn ihm die gleichaltrigen Mädchen in der Entwicklung davonmarschieren, und die zweite droht, wenn er in den Ruhestand taumelt. Zwischen diesen Polen, dem

Anfang und dem Ende klassischer Männlichkeit, benimmt er sich den Frauen gegenüber so, als müßte er sich dafür rächen.

Ich war dank meiner Erziehung eigentlich schon immer ein eher häuslicher Typ. In meiner früheren Jugend neigte ich dazu, diese Eigenschaft zu verdrängen, weil sie mir unmännlich erschien; später während meines Studiums nützte ich sie, um einigermaßen gut über die Runden zu kommen. Ich verstand es, meine jeweiligen Wohnplätze nett einzurichten und in Ordnung zu halten, ich belästigte meine Mutter nie mit einem Plastikbeutel voll schmutziger Wäsche, wenn ich sie besuchte, und ich war auch in der Lage, mir hin und wieder selbst etwas zu kochen – aber meine Einstellung zum Alleinleben war doch immer geprägt durch die Gewißheit, daß es sich dabei nur um einen Übergangsstatus handelte, der irgendwann in eine Ehe oder ähnliches münden würde. Dieses Ähnliche kam dann durch mein Zusammenleben mit Ruth zustande, und auch hierbei hatte ich Gelegenheit genug, meine häuslichen Fähigkeiten zu nützen und zu mehren, denn als modernem Paar bedeutete uns Gleichberechtigung eine Menge, und beim Geschirrspülen, Staubsaugen und Einkaufen war sie leichter zu verwirklichen als in anderen Bereichen.

Aber so richtig schätzen lernte ich diese Fähigkeiten erst, als ich nach unserer Trennung in die neue Freiheit tauchte. Die sollte mir keine Frau je wieder beeinträchtigen, und es war für mich eine zusätzliche Garantie für meine Unabhängigkeit, wenn ich es schaffte, mein Junggesellendasein gut zu organisieren. Ich wollte autark sein, und dazu gehört, daß man sich in seinen vier Wänden wohl fühlt ohne helfende Hand, daß man nicht auf Fertiggerichte angewiesen ist oder auf die Auswahl zwischen einem Omelett und einem Stück Fleisch, das man sich in die Pfanne haut; dazu gehört, daß man Spaß daran hat, sich einen Braten mit frischem Gemüse auf den Teller zu zaubern, daß man sogar Spaß daran entwikkelt, die Badewanne zu schrubben oder die Fenster zu putzen, weil man es ausschließlich für sich selber tut. Sie sehen, ich gerate fast ins Schwärmen, wenn ich die ›unmännlichen‹ Aufgaben eines Junggesellen anspreche, und dieses Schwärmen kommt aus berufenem Munde, denn der beglückende Zustand des Alleinlebens dauert bis heute an – mit einer kleinen Einschränkung.

Diese kleine Einschränkung (163 cm) heißt Catherine und ist die bezauberndste, liebenswerteste und liebevollste Frau auf meiner Welt! Als ich sie traf, war noch kein Dreivierteljahr vergangen seit Ruth. Ich schwelgte in steigender Lebensqualität und war dem Gedanken an eine feste Beziehung ferner denn je. Das war genau der richtige Augenblick, in dem mir Catherine begegnen durfte, die mich mit ihrem Wesen in ungünstigeren Zeiten womöglich gar zu einem Heiratsantrag hingerissen hätte. So stellte ich einfach gelassen fest, daß es sehr schön war, mit ihr Stunden, auch mal einen Tag oder eine Nacht zu verbringen, aber gewichtigere Konsequenzen kamen mir nicht in den Sinn.

Catherine war ähnlich gelagert wie ich. Sie war kurz davor, sich nach über zehnjähriger Ehe scheiden zu lassen, und hatte genausowenig wie ich das Bedürfnis, ihre wiedergewonnene Freiheit aufs Spiel zu setzen, bevor sie überhaupt so recht in ihren Genuß gekommen war. Da wir uns aber außerordentlich gern hatten, war das die beste Voraussetzung für eine kerngesunde Liebesbeziehung. Wenn man sich findet, ohne sich zu suchen, wenn man trotz klar erkannter Vorzüge eines Menschen und trotz Verliebtheit jederzeit das Alleinsein einer zu engen Bindung vorziehen würde, besteht keine Gefahr der Täuschung oder Selbsttäuschung. Dann hat man keine Veranlassung, sich anders zu geben, als man ist, und etwas Besseres kann einer Liebe nicht passieren.

Bei Catherine bedurfte es keines programmatischen Gesprächs, keines Beschlusses, daß wir nun zusammengehörten. Wir wuchsen nebeneinander hoch wie zwei Bäume, die weit genug auseinanderstehen, daß sie sich nicht an der Entfaltung hindern, die sich erst berühren, wenn sie stark genug sind, und deren Äste sich nie so weit ineinander verflechten, daß das Umfallen des einen Baumes unweigerlich auch zum Sturz des anderen führen müßte. Ich lebte unbeirrt mein eigenes Leben, Catherine lebte unbeirrt das ihre. Keiner hatte je den Gedanken, seine Wohnung aufzugeben, keiner sah sich je zu schalen Kompromissen gezwungen. Wir ließen unserer Liebe immer die Luft, die sie zum Atmen brauchte, und so ist es eigentlich kein Wunder, daß sie auch heute noch putzmunter ist und keinerlei Verdacht auf versteckte Krankheiten besteht.

Die Darstellung persönlichen Glücks ist für Außenstehende meistens keine besonders packende Angelegenheit, lassen Sie mich daher nur noch eine Sache erwähnen, die zwar mit diesem meinem persönlichen Glück zu tun hat, die ich aber auch für grundsätzlich wichtig halte.

Ich glaube, daß es uns Erwachsenen um so besser ginge, je mehr wir begreifen würden, daß wir ein Leben lang ein Recht auf Kindlichkeit haben. Uns Männern fällt es besonders schwer, uns diesem Gedanken zu öffnen. Gemäß unserer Erziehung sind wir bemüht, unsere Empfindungsskala darauf zu beschränken, daß wir uns Frauen gegenüber entweder auf gleicher Ebene als Erwachsene fühlen oder aber Väterlichkeit entwickeln, wenn sie sich kindlich verhalten. Das Ausleben der eigenen Kindlichkeit und das Erleben der Mütterlichkeit oder auch der gleichzeitigen Kindlichkeit einer Frau verwehren wir uns. Damit betrügen wir nicht nur uns selbst, sondern auch die Frauen um wichtige Gefühle. Es ist schön, Geborgenheit zu geben, aber es ist auch schön, Geborgenheit zu empfinden. Wenn wir uns diesen Anspruch gestatten, erfüllen wir auch umgekehrt den Anspruch, den die Frauen darauf haben, nicht nur zu erleben, was es heißt, geborgen zu sein, sondern auch, was es heißt, einen Mann im Arm zu halten, der sich bei ihnen geborgen fühlt.

In einer Beziehung, in der es selbstverständlich ist, daß *beide* sich ernst nehmen, miteinander sachlich reden oder Entscheidungen treffen können, in der es selbstverständlich ist, daß *beide* trösten, schützen oder korrigieren können, in der es selbstverständlich ist, daß *beide* albern, verspielt oder anlehnungsbedürftig sein können: in einer solchen Beziehung ist für Männlichkeit kein Bedarf, und in einer solchen Beziehung liebe ich Catherine.

Ich will Ihnen nun keineswegs den Eindruck vermitteln, als wäre damit für mich die Männlichkeit erledigt. Sie läßt sich nicht so einfach abschütteln, sie verfolgt mich mal mit größeren, mal mit kleineren Abständen, mal ist sie ganz verschwunden. Manchmal denke ich, jetzt hat sie endlich aufgegeben, hat die Spur verloren, doch wenn ich mich umdrehe, schaut sie weit hinten um die Ecke und grinst – ich glaube, es wird ein langer Abschied . . .

Hinterher gesagt

So leid es mir tut, ich muß bekennen, daß ich mir von uns Männern selbst nicht allzuviel erwarte für die Veränderung unserer eigenen und damit auch der Situation der Frauen. Da wir unsere Interessen von unseren mächtigen Geschlechtsgenossen vertreten glauben, die das System verwalten, sind wir als revolutionäre Kraft kastriert, und eben darauf beruht der Fortbestand des Systems. Die eigentliche revolutionäre Kraft sind Sie, die Frauen, denn für Sie ist es leichter, die Unterdrückung zu erkennen und daraus Wut und Widerstandswillen zu beziehen. Wenn die Wut jedoch blind macht, wenn das Feindbild undifferenziert alles umfaßt, was einen Penis hat, dann wirkt sich das genauso systemerhaltend aus wie das Festklammern der Männer an vermeintlich glückselig machenden Privilegien. Der sogenannte Geschlechterkampf kann den Mächtigen nur recht sein, weil er die einzige Kraft zersetzt, die ihnen gefährlich werden könnte: die Solidarität aller, die das patriarchalische System unterdrückt, und dazu gehören auch alle Männer, die keine Macht besitzen.
Es wird höchste Zeit, daß sich alle Frauen darüber klarwerden, daß sie dem Patriarchat nicht wehrlos ausgesetzt sind, es wird aber auch höchste Zeit, daß die Frauen, die das schon begriffen haben, ihr Feindbild etwas sorgfältiger zeichnen, sonst kämpfen sie letztendlich auch gegen sich selbst.
Verständnis für uns Männer ist nicht gleichbedeutend mit Gnade oder gar Unterstützung für die Herren an der Macht!